Adriaan Bekman

Die Seele

Eine geisteswissenschaftliche Betrachtung

ADRIAAN BEKMAN

Die Seele

Eine geisteswissenschaftliche Betrachtung

AUS DEM NIEDERLÄNDISCHEN VON MARIANNE HOLBERG

URACHHAUS

Die Originalausgabe erschien 2022 unter dem Titel
De ziel. Een filosofisch standpunt omtrent de ziel en haar bestaan
bei Cichorei, Amsterdam.

ISBN 978-3-8251-5384-7

Erschienen 2024 im Verlag Urachhaus
www.urachhaus.de

Umschlag- und typografische Gestaltung: Klaus H. Pfeiffer
Umschlagbild: Iris Templeton, Hamburg

Inhalt

Einleitung

Schon seit über dreitausend Jahren fragt sich der Mensch, ob es überhaupt eine Seele gibt, und wenn ja, wie diese menschliche Seele beschaffen ist. Philosophen vertieften sich – oft auch im Dialog mit anderen – in diese Frage und überlieferten uns ihre schönen und wertvollen Betrachtungen.

Durch sie zieht sich wie ein roter Faden der Gedanke, dass die Frage nach der Seele zugleich die Frage nach dem Sinn des Lebens, unseres Lebens ist. Die Fragen »Was ist die Seele?« und »Was können wir von der Seele wahrnehmen?« bilden das Puzzle der Seele. Aus dem »Was an uns erscheint«, »Was wir wahrnehmen können«, »Was wir erleben können«, entstehen die Wie- und die Warum-Frage. Die Wie-Frage lautet: Wie kann so etwas entstehen und an uns sichtbar werden?, und die Warum-Frage: Warum kann so etwas an uns sichtbar werden?, aber auch: Warum kann es danach auch wieder verschwinden?

Mit der »Wie-« und der »Warum-Frage« bewegen wir uns aus der sichtbaren Welt in die unsichtbare Welt und überlegen, wie und warum die unsichtbare Welt zu uns spricht.

Und schließlich sehen wir als weitere Konstante in diesen jahrhundertelangen Betrachtungen zur menschlichen Seele, dass wir in zwei verschiedenen Welten leben: in der Welt des Seins und in der Welt des Werdens.

Der Welt des Seins gehören wir ebenso an wie alle kosmisch-natürlichen Wesen auf der Erde – und vielleicht auch in ihrem

Umfeld. Sie hat eine gewisse Vorhersagbarkeit, weil ihr Sinn inhärent anwesend ist. Die Welt des Werdens dagegen, des Sichtbarwerdens und Verschwindens, ist eine Welt, die durch unsere Tätigkeit entsteht und – anders als die Welt des Seins – gewissermaßen unvorhersehbar ist und der wir selbst erst einen Sinn geben müssen.

Vermutlich ist die Frage nach dem Sinn des Lebens sehr viel dringender geworden durch die Spannung zwischen der Welt des Seins und der Welt des Werdens. Für den Menschen in seinem Innern wie auch in seiner Beziehung zur äußeren Welt nimmt die Sinngebungsfrage an Bedeutung zu. Denken wir nur an die vernichtende Wirkung unserer Taten auf alle Naturwesen und an den Kampf »aller gegen alle«. Wir leben als Menschen in unserer eigenen, von uns selbst organisierten Welt, die mit zunehmender Kraft die Substanz der kosmisch-natürlichen Welt verbraucht.

Auch der selbstverständliche Umgang der Menschen untereinander verschwindet, und manchmal fragen wir uns hilflos: Wie soll es mit uns weitergehen? Das gilt für die einzelnen Menschen, doch es gilt auch für das (Weiter-)Leben der Weltbevölkerung.

In meinem Buch *Die menschliche Schöpfung, Philosophie des organisierten Lebens** habe ich den Versuch unternommen, die Welt des von uns organisierten Lebens mit den grundsätzlichen Fragen zu verbinden, die wir uns schon so lange stellen: den Fragen nach dem Ursprung der Seele sowie nach der Freiheit des Menschen und der Menschheit. Ausgehend von der »Be-seelung« ging es mir darum, den Sinn unseres Daseins stärker ins Bewusstsein zu bekommen.

---

* Adriaan Bekman: *Die menschliche Schöpfung. Philosophie des organisierten Lebens.* Verlag Ch. Möllmann, Borchen 2017 (Niederländisches Original: *Bezieling – filosofie van het georganiseerde leven*).

Die Frage nach der Seele, so wurde mir klar, stand ursprünglich im Mittelpunkt, dann jedoch, im Laufe der Jahrhunderte von der Wissenschaft in den Bereich der Religion verbannt, wurde sie peripher – eine Sonntagsfrage.

In diesem Buch nun gehe ich der Frage nach, wie die Seele überhaupt sichtbar wird und auch, wie wir uns ihrer Wirksamkeit in unserem organisierten Leben stärker bewusstwerden können. Es entsteht ein reflexiver Raum der Betrachtung und des Dialogs, der uns ermutigen kann, der Seele wieder einen zentralen Platz in unserem Leben zu schaffen.

Mir ist bewusst, dass eine definitive Antwort auf die Frage nach der Seele nicht gegeben werden kann, doch mir ist ebenfalls bewusst, dass die Beschäftigung mit dieser Frage uns darin stärken kann, den Sinn des Daseins in unserem eigenen Leben bewusster zu untersuchen und zu gestalten.

In den folgenden Betrachtungen kann der Leser mit mir auf die Reise zur Erforschung der Seele gehen, um sich der Sinngebungsfrage im eigenen Leben inspiriert, beseelt und zugleich aufmerksamer zu widmen.

1. Die Existenz der Seele

Im diesem ersten Kapitel beschäftigen wir uns mit der Frage: Gibt es die Seele? Die Antwort könnte entweder sein: Ja, es gibt die Seele, oder: Nein, die Seele gibt es nicht. Es wäre eine »Wahrheits-Antwort«, die so jedoch nicht gegeben werden kann, denn die Frage nach der Existenz der Seele ist nicht zu beantworten. Dagegen bietet das Forschen nach der Existenz der Seele eine Fülle von Möglichkeiten, auch nach dem Sinn des Lebens zu suchen. Das soll in diesem Kapitel gezeigt werden. Es ist eine Erkundung der Sinngebungsfrage in unserem eigenen Leben und im Leben anderer.

Warum dieses Buch?

3000 Jahre Forschung nach der Seele: ein unlösbares Problem

Bereits seit über 3000 Jahren suchen wir also nach einem überzeugenden Beweis dafür, dass die Seele existiert beziehungsweise nicht existiert. Je nach unserer geistigen Orientierung suchen wir nach einer Materialisierung der Seele oder nach dem Mysterium der Seele. In dieser jahrhundertelangen Suche stellte man sich die Seele zum einen als ein menschlich-körperliches Organ vor und dann wieder als das Unsichtbare, Unbegreifliche, das uns erregt, bewegt.

Ole Martin Høystad beispielsweise fasst die Geschichte der Seele als 3000 Jahre Kulturgeschichte so zusammen:

*So wie die Liebe im Hochmittelalter »erfunden« und durch bildliche Darstellungen und Geschichten bestimmt wurde, deren Symbol das Herz war, so auch die Seele, die in der griechischen Antike »erfunden« wurde. Wenn sie erst einmal erfunden oder mit Bildern und Begriffen konstruiert ist, wird sie Teil unseres Menschenbildes. Ihre Stellung ist in allen Kulturen der Welt so stark, dass es faktisch unmöglich ist, sich einen Menschen ohne Seele vorzustellen. Früher war die Vorstellung verbreitet, dass Gottes Schrift sich in die Herzen der Menschen als Sitz der Seele eingraviert hat. Aber nicht Gott hat die Seele be-schrieben. Es ist die Schrift der Menschen, es gibt viele Geschichten über die Seele mit Bildern und Symbolen, die unser Inneres erschaffen und geformt haben. […] Die Seele ist eine individuelle und persönliche Größe, die wir in einem lebenslangen inneren Prozess ordnen und formen. Diese Größe hat man nicht ausschließlich allein geschaffen, doch es ist die eigene Schuld, wenn man sie verliert.**

Platon sah die Seele als eine von Gott geschenkte Schöpfung an. Aristoteles sah die Seele als das an, was den Körper bewegt. Søren Kierkegaard, Friedrich Nietzsche und Hannah Arendt sorgten sich um die Seele als dasjenige, was den Menschen wirklich zum Menschen machen kann: sein eigenes Wesen und das der anderen in Freiheit sichtbar werden zu lassen und daran fortwährend zu scheitern. – Wir sehen, dass das letzte Wort zur Seele noch nicht gesprochen ist und wir dazu verurteilt sind, die Erforschung der Seele fortzusetzen.

Einen der eindrucksvollsten Ausdrücke für die Seele finden wir in dem Begriff »Beseelen«. Beseeltheit drückt eine Kraft aus, die uns

---

* Ole Martin Høystad: *Die Seele. Eine Kulturgeschichte*. Aus dem Norwegischen von Franz Zuber. Böhlau Verlag, Wien Köln Weimar [2]2017.

zu einem bestimmten Zeitpunkt erfüllt, eine Bewusstseinskraft, die aus dem menschlichen Ich, dem menschlichen individuellen Geist wachgerufen wird. »Ich habe dich bei deinem Namen gerufen« (Jesaja 43,1).

Die Vorstellungen von der menschlichen Seele haben sich im Laufe der Zeit geändert. Aus einer autonomen Kraft, die aus der geistigen Welt erscheint und sich im Menschen in einem irdischen Körper manifestiert, wurde ein Prozess, der zwischen Menschen stattfindet und bei dem eine Begegnung mit dem Anderen eine Verantwortung bedeutet.

Außerdem wurde die Seele im Laufe der Zeit aus dem Zentrum unserer Aufmerksamkeit vertrieben, verbannt in ein religiöses Glaubensverständnis von Leben und Tod, bzw. von Leben nach dem Tod. Auch wurde die Seele besetzt mit all dem, was den Menschen von außen beherrschen und bestimmen will, und wir ringen darum, unsere Seele in ihrer Entwicklung zu lenken. All dies bildet vielleicht die wesentliche Aufgabe der menschlichen Seele, und das bedeutet, sich aus der Kraft des Geistes, dem eigenen Ich, ihre Freiheit zu erobern, in Liebe zum Anderen und mit Respekt zu allem, was lebt.

Die Seele hat für uns an Bedeutung verloren

Während die Seele einst den zentralen Platz im menschlichen Dasein einnahm und es darauf ankam, sie zu bewahren, ist sie jetzt zu einer peripheren, nur manchmal noch am Rande unseres Lebens existierenden Erscheinung geworden. Wir haben uns einem materiellen, einem organisierten Leben verschrieben, einem von uns selbst geschaffenen Leben, einem von uns selbst als sinnvoll empfundenen Dasein. Dabei haben wir die Sicherheit verloren, Teil einer ewigen göttlichen Schöpfung zu sein, aus der wir stammen und in die wir zurückkehren. Dadurch sind wir gezwungen, ein geschäftiges und aufreibendes Leben zu führen, in dem alles, was wir erschaffen und zustande bringen, auch von uns »versorgt«, gepflegt werden muss. Der Preis, den wir dafür bezahlen, ist, dass wir dauernd auf der Suche nach etwas sind, das unserem Leben einen Sinn gibt und uns erfüllen kann.

Vielleicht könnte diese Suche des heutigen Menschen im großen Zusammenhang so aussehen: Nachdem wir als Menschheit aus einem göttlich verankerten Ur-Dasein zunächst in einem Leben gelandet sind, das bestimmt wurde von der Offenbarung Eingeweihter über jene Wesen, die uns das Leben geschenkt haben; und danach als Menschheit in ein Leben gekommen sind, in dem wir noch die Wirkungen der göttlichen Einflüsse erleben konnten, leben wir jetzt, heutzutage, in einem von Göttern geschaffenen Werk, aus dem diese sich zurückgezogen haben, das uns aber die Möglichkeit gibt, selber die Verantwortung zu tragen und damit unsere Seele aus eigener Kraft auf eine bewusstere Daseinsstufe hinzuentwickeln. Damit können wir aus freiem Willen den Schöpferkräften wieder näherkommen, die uns einst ins menschliche Dasein entlassen haben.

Die Seele ist verbunden mit dem Mysterium unseres Lebens

Man kann sich die Frage stellen: Gibt es ein Leben vor der Geburt und gibt es ein Leben nach dem Tod? Auch kann man fragen, was und wer unser Leben zwischen Geburt und Tod lenkt. Ist das Leben vorherbestimmt, oder leben wir aus einer freien Entscheidung? Diese Fragen berühren in unserem irdischen Dasein das Mysterium des Lebens, mit dem unsere Seele tief verbunden ist.

Um eine bewusstere Verbindung mit diesem Mysterium des Lebens zu bekommen, können wir uns in das vertiefen, was sich in unserem Inneren abspielt. Wir nehmen die Gedanken wahr, die durch uns hindurchziehen, und die Gefühle, mit denen wir leben. Wir denken über das nach, was wir tun, und über die Impulse, die dahinter verborgen sind, sowie auch über unser Tun, das daraus folgt. Wir entdecken, dass es in uns eine autonome Instanz gibt, unser eigenes Ich, dem diese Seelenregungen möglich sind, und auch, dass diese Seelenregungen nach und nach bewusster werden, dass wir sie durchschauen. So bemerken wir, dass wir immer wieder bestimmten Situationen, bestimmten Herausforderungen begegnen, dass es Dinge gibt, die uns immer wieder faszinieren, sich wiederholende Gefühle, dass Urteile in uns aufsteigen und ganz bestimmte Entscheidungen getroffen werden. Wir können in uns gehen und uns prüfen. Wir entdecken den wunderbaren Reichtum unseres Lebens – Erfahrungen, Erkenntnisse, Begegnungen, Konfrontationen. So können wir den Früchten unseres Lebens auf die Spur kommen, den Sinn unseres Lebens »sehen«, den Wert unseres Lebens »erlauschen«. Auch diese Arbeit vollbringt unser Ich in der Seele und kann die Früchte in geistiges Leben aufnehmen. Dies wird in einem natürlichen Prozess von Wachen, Schlafen und Träumen erlebt und verarbeitet. Immer wieder tauchen wir ein in die Realität unseres wachen Lebens, immer wieder verarbeiten wir die Erfahrungen im Schlaf, und die Bedeutung all dessen träumen wir. Je bewusster wir diesen natürlichen Prozess erleben können, desto mehr können wir unser Dasein zu einem reicheren und sinnvollen Leben entwickeln. Wenn wir nachlässig und unaufmerksam sind, wird die Seele nicht ernährt – und verdorrt. Unser Ich, der Geist, trocknet aus und kann seine Arbeit nicht verrichten.

Die Seele manifestiert sich in unserer Bewegung und in unserem Staunen

Eine lebendige Seele entsteht aus Bewegung und Staunen – aus der Bewegung unseres Körpers, aber auch aus unserem Offensein für das, was uns bewegt. Wir sind nicht verschlossen, wir sind eine offene Seele, wenn wir in Bewegung sind. Sobald wir uns bewegen, werden alle Sinne aktiv. Wir tasten, sehen, lauschen, riechen, schmecken. Doch auch unser Gleichgewichtssinn wird aktiv, unser Lebenssinn, unser Sprachsinn und unser Ich-Sinn, mit dem wir den anderen Menschen wahrnehmen. Unser Körper ist voller Bewegung: Atmung, Blutkreislauf etc. Sobald sich etwas nicht mehr bewegt, zieht sich das Leben aus dem Körper zurück. Dieser Bewegungsleib trägt den Namen Ätherleib, in dem unsere Energie und Lebenskraft tätig ist, aber auch unsere prinzipielle Erinnerung an das, was uns immer bewegt hat.

Eng verbunden mit diesem Bewegungsleib ist der Erfahrungsleib. Wir machen Erfahrungen, vor allem auch bei Begegnungen, die uns anregen und wachmachen. Wir strahlen vielleicht eine gewisse Stimmung aus, erleben, was sich um uns herum abspielt, und bauen einen Astralleib auf, der diese Erlebnisse in Erkenntnis umsetzt. Verbunden damit ist Verinnerlichen und Lernen, und das wiederum ist die Arbeit unseres Ich.

Dieser Lebens- und Bewegungsprozess wird gefördert durch eine Haltung des Staunens: Fragen haben, aufgeschlossen sein, etwas in uns hereinlassen, etwas erforschen wollen, das alles sorgt dafür, dass die Welt so, wie sie sich zeigen will, dann auch wirklich erscheint und uns anspricht. So gibt es reiche tägliche Nahrung für die Seele, die unaufhörlich darum bemüht ist, diese Nahrung aufzunehmen und zu einem wachen, höheren Bewusstsein zu verarbeiten. Wie der

Körper seine Lebensenergie aus guter Nahrung holt, holt die Seele die Energie aus staunendem Erleben, das dem Ich Geistesnahrung schenkt und damit den Geist immer reicher werden lässt.

Die Seele manifestiert sich in unserer Freude und Begeisterung und in unserer Sinngebung

Wir kennen Tage, an denen wir ratlos herumlaufen und nicht recht wissen, was wir anfangen sollen. Wir kennen Tage, an denen wir beinahe zugrunde gehen vor lauter Stress mit der vielen Arbeit und allen Verpflichtungen. Wir kennen Tage, an die wir mit Freude zurückdenken, und wir kennen Tage, die wir lieber nicht in Erinnerung behalten wollen. So bekommt die Seele die Aufgabe, für Begeisterung und den Sinn des Lebens zu sorgen.

Unsere Umgebung stellt hohe Anforderungen an uns, denen wir nachkommen müssen. Zu Hause und bei der Arbeit wird viel von uns erwartet, manchmal mehr, als wir bewältigen können. Die Seele soll Ordnung schaffen, und dazu braucht sie die Kraft unseres Ich. Die Seele ist im Prinzip paradox und lebt in Polaritäten, während der Geist autonom ist und als Teil einer geistigen Welt lebt. Die Seele lebt zwischen Vergangenheit und Zukunft, zwischen Ideal und Wirklichkeit, zwischen Innenwelt und Außenwelt. Die Seele ist »zwischendrin« und kann dieses »Zwischen-drin«-Leben nur aus »Inter-esse« verwirklichen, und nicht aus Zwang und Macht und der damit verbundenen Angst. Der Geist wird in Situationen gerufen, in denen wir präsent sind und aktiv werden. Er ist bereit zu erscheinen, wenn die Seele freudig-beseelt mit dem eigenen Impuls verbunden ist und zugleich mit dem anderen Menschen, der etwas von uns möchte.

Wenn das Ich in der Seele erscheint, ist eine wirkliche Verbindung mit dem Anderen möglich. Die Seele ist dann nicht gefangen in »Vor-Urteilen«, einer festen Meinung, einem unangenehmen Gefühl, in Panik, sondern kann frei anwesend sein und sich äußern. Zwischen Menschen entsteht sogleich das Vertrauen, dass man offen sein und sich austauschen kann, ohne dass es zu Konflikten kommt. Wir erleben Freudiges und Sinnvolles, und das bringt uns weiter auf unserem Weg zu einem bewussten Leben.

Die Seele erscheint in unserer Sprache, in unserem Gedächtnis und in unserem Gewissen

Das Besondere unseres Lebens besteht darin, dass es ein Kommen und Gehen ist, geboren werden und sterben, beginnen und enden, wachen und schlafen, erschaffen werden und vergehen. Letztlich bleibt vor allem die Frucht von all dem: die Entwicklung der menschlichen Seele zu einem umfassenderen Bewusstsein.

Im Laufe der Jahrhunderte sind zunehmend drei Seelenqualitäten zum Vorschein gekommen. Die Seele als Sprache, die Seele als unser Gedächtnis, die Seele als unser Gewissen.

Wir drücken alles in Sprache aus, wir kommunizieren, begreifen in Sprache, teilen in Sprache, arbeiten in Sprache. Eine große Vielfalt an »Sprachen« hat sich entwickelt und noch immer kommen viele hinzu. Es gibt nicht nur Landessprachen und Dialekte, sondern auch Amtssprachen, Fachsprachen, Managementsprachen, Organisationssprachen, Geheimsprachen, die irgendwann entstehen und bleiben. Mit Sprache können wir unsere Gedanken, Gefühle und Willensimpulse äußern und mit anderen teilen. Wer die Sprache beherrscht, kann in einer Gemeinschaft, in der diese Sprache kommuniziert wird, am Gespräch teilnehmen. In der Schule lernen wir Lesen, Schreiben und Rechnen und später andere Sprachen in all den Fächern, die uns angeboten werden. Kann ich die Sprache verstehen und mit ihr umgehen, etwa Mathematiksprache, Chemiesprache, die englische Sprache, Computersprache? Die Sprache nicht zu beherrschen, nicht zu verstehen, schließt uns aus.

Ein zweites Phänomen der sich entwickelnden menschlichen Seele ist das Gedächtnis. Wir können das, was geschieht, in unserem Gedächtnis speichern. Ein anfangs primitives Gedächtnis hat sich im Lauf der Jahrhunderte zu einem umfassenden Gedächtnis entwickelt. Zuerst haben wir ein biografisches Gedächtnis und können vieles aus unserem Leben ins Hier und Jetzt zurückholen. Wir haben ein Kurzzeitgedächtnis, in dem kürzlich Geschehenes gespeichert ist. Wir haben ein Fachgedächtnis, in dem wir sehr viel Fachwissen speichern können. Lässt das Gedächtnis uns im Stich, sind wir verloren. Doch haben wir mit der modernen Technologie eine ganze Reihe von Möglichkeiten, ein künstliches Gedächtnis herzustellen und zu füllen. Wir können alles aufzeichnen und speichern: Texte, Bilder, Zahlen. Außerdem ist dies Gedächtnis dann für jeden zugänglich, der den Zugangscode hat. – Unser eigenes Gedächtnis jedoch ist nicht nur Teil unseres wachsenden Gehirns, sondern lebt auch in unserem Ätherleib. Dort finden wir tiefer greifende Erinnerungen, an denen das Gehirn aber nicht mitarbeiten will.

Ein drittes Phänomen der Seelenentwicklung ist unser Gewissen. Mit der Zeit haben wir eingesehen, dass es nicht wünschenswert ist, sich gegenseitig zu töten, zu missbrauchen, zu beherrschen, zu manipulieren. Es entsteht ein moralisches Bewusstsein, wenn auch nicht gleichermaßen für alle Menschen. Freiheit, Gleichheit, Brüderlichkeit sind ein Fundament für das Gewissen. Ein demokratisches System bietet dem Gewissen eine Chance, es gibt eine herrschende Macht und eine Gegenmacht, es gibt eine Regierung und es gibt ein Parlament. In Glauben, Kunst und Philosophie spielt das Gewissen eine wichtige Rolle. Lassen wir uns nach moralischen

Prinzipien leiten, oder folgen wir beispielsweise egoistischen Prinzipien auf Kosten anderer? Unser Gewissen rührt sich bei der Armut anderer Menschen; Unrecht, Diskriminierung, Diktatur und Unterdrückung anderer sprechen zu unserem Gewissen; Missbrauch und Manipulation sprechen zu unserem Gewissen.
Sobald wir uns dessen bewusst werden, wie wir tagein, tagaus in Sprache, Gedächtnis und Gewissen leben, können wir ein Gefühl dafür entwickeln, wie die Seele Teil unseres Lebens ist – und damit auch unserer Sprache, unseres Gedächtnisses und unseres Gewissens.

Die Seele steht im Zentrum und kann uns lenken

Der Zustand der Seele bestimmt Form und Inhalt unseres Lebens. Die Seele kann sich schließen, kann sich aber auch öffnen für das Unbekannte. Dies hängt mit der Art der Gemeinschaft zusammen, in der sich der Mensch bewegt. Ist die Gemeinschaft geschlossen, nach innen gerichtet, wirkt sich das dementsprechend auf die Seele aus. Von solchen alles beherrschenden Gemeinschaftskräften kann sich der Mensch nur befreien, indem er dort ausbricht. In einer Familie oder in der Verwandtschaft kann es richtig sein, einige Zeit nach innen gerichtet zu leben, damit beispielsweise Eltern und Kinder sich näherkommen. Doch das kann auch zu Zwang, einem Machtverhalten führen oder sogar in Missbrauch ausarten. Ein dogmatischer Glaube, eine alles beherrschende Ideologie, eine erdrückende, unverrückbare Gesinnung machen die Seele dieser alles beherrschenden Macht Einzelner untertan. Nach und nach werden die Menschen Ich-los und können ihre eigene Seele nicht mehr lenken. Sie wird von außen, von anderen besetzt und regiert. In einer offenen Gemeinschaft dagegen kann die Seele mehr oder weniger ihren eigenen Weg finden und im Dialog mit anderen ihre eigenen

Schritte setzen. Sie kann lernen, sich selber zu lenken. Dies gilt in der Regel für solche Arbeitsgemeinschaften, die per definitionem nach außen, kundengerichtet sind. Wird die Gemeinschaft jedoch zu offen, kann das Gemeinschaftliche darunter leiden: Jeder geht seinen eigenen Weg und nimmt keine Rücksicht auf die anderen; unangemessenes Verhalten wird ignoriert oder beschönigt.

Viele von uns leben gleichzeitig in diesen beiden Arten der Gemeinschaft – Familie und Arbeitsgemeinschaft – und erleben so die Wirkung auf die eigene Seele. Früher waren Arbeitsgemeinschaften mit Familiengemeinschaften verbunden. Noch heute ist in den meisten Ländern der Familienbetrieb der größte Betriebssektor. Dort existiert eine Spannung zwischen geschlossener und offener Gemeinschaft, und die Übertragung an die nächste Generation ist meistens ein Problem. Für die Familie geht es möglichst um die selbstverständliche Nachfolge, für die Arbeitsgemeinschaft geht es dagegen vor allem um Kompetenz und unternehmerische Entschlossenheit. Im günstigen Fall kommen die beiden in einer Person oder einer Personengruppe zusammen: Fürsorge für die Familie und kompetente Führungsfähigkeit in der Arbeitsgemeinschaft.

Die Seele ist besetzt, und das blockiert unser Freiheitsstreben

Von den Massenmedien fließen Nachrichten in unsere Seele. Von unserem organisierten Leben werden wir in vielen Bereichen beeinflusst. Es werden Forderungen an uns gestellt. Wir stellen auch selbst Forderungen: Ziele, die wir erreichen wollen, neue Erfahrungen, die wir machen wollen, Herausforderungen, denen wir uns stellen wollen. So führen wir ein Sieben-mal-vierundzwanzig-Stunden-Beschäftigungs-Leben. Ein typisches Beispiel ist der Seufzer eines

Rentners: »Ich hatte noch nie so viel zu tun.« Und auf die Frage: »Was denn?« – »Oh, alles Mögliche.«

Auch Kinder sind vielbeschäftigt mit Schule, Sportverein, Partys, Familienpflichten. Erwachsene müssen ihre Aufmerksamkeit zwischen Arbeit, Familie und dem Bemühen um eigene Entwicklung teilen. Da kann das Gefühl aufkommen, dauernd zu versagen. Es wäre so viel mehr nötig, als wir ohnehin schon tun.

Die Folge von all dem ist, dass unsere Seele schlichtweg besetzt ist. Es gibt so viel zu tun, dass wir es kaum bewältigen können. Der innere Druck nimmt zu, es entsteht Stress. Je mehr wir merken, dass wir von außen gelenkt werden und dass unsere Seele davon besetzt ist, desto schneller setzt ein Burnout uns auf »Eingang geschlossen«. Uns wird jedes Gefühl der Freiheit genommen. Die Zeit zu reflektieren, nachzudenken haben wir verschenkt: in unserem eigenen Leben, aber auch allgemein in der Gesellschaft. Jetzt bedarf es großer innerer Bemühungen, um Zeit und Raum für uns selbst freizumachen. Es erfordert eine mentale Kehrtwende, jetzt nicht alles bedienen zu wollen, sondern selektiv mit unserer Energie und unserer ungeteilten Aufmerksamkeit umzugehen. Die Frage ist: »Wem und was stehe ich zur Verfügung?« Jetzt müssen wir uns selbst auf diese Liste setzen mit der Frage, womit wir uns am liebsten beschäftigen. Das kann Kunst sein, Gartenarbeit, Musikhören oder -spielen, ein gutes Gespräch führen, Freunde besuchen, jemandem seine Hilfe anbieten.

Die Seele ist unsere Aktion und unsere Reflexion

Wenn wir aktiv sind, ist unsere Seele zielgerichtet. Wir wollen etwas zustande bringen: ein leckeres Essen kochen und verzehren, an einem schönen Projekt arbeiten und es fertigstellen, den Haushalt versorgen, die gemeinsame Beratung gut ablaufen lassen. Wir wollen die Wirkung unseres Tuns sehen und beurteilen können, ob es so in Ordnung ist. Dann ist die Seele unsere große Kraft, die wir besitzen und die aus unserer Tätigkeit fließt. Hinzu kommen unser Impuls, unser Charakter, unsere Energie, unser Wissen, Können und auch unsere innere Haltung, und alles wird tätig. Schön ist es, wenn unser Handeln in Fluss kommt, strömt, vorangeht, uns weiterbringt.

Diese Prozesse sind es also, die es entweder möglich machen oder gerade verhindern. Denn ebenso kann alles jederzeit stagnieren, wir können unsere Freude an der Arbeit verlieren, frustriert sein. Dann wird es Zeit, innezuhalten und zu reflektieren. Wir erinnern uns daran, wie es angefangen hat und welche Ursachen uns irgendwann am Weitermachen gehindert haben. Dies kann gemeinsam mit anderen geschehen, die an dem Prozess beteiligt waren. Es können die sein, mit denen wir aktiv in diesem Prozess gearbeitet haben.

Die Seele braucht Reflexion, um wieder aufzutanken und um den Sinn dessen wieder zu sehen und zu erleben, womit wir beschäftigt sind. Wird die Zeit für die Aktivität oft von anderen eingefordert, so müssen wir selber selber für die Reflexionszeit sorgen. Das ist eine Lebenskunst, eine Seelenkunst. Deren Instanz ist das menschliche Ich, das die Seele darum bitten oder es ihr gar abverlangen muss.

Die Seele ist ihrem Wesen nach ein Paradox und zeigt sich in Polaritäten

Bis jetzt wurde schon deutlich, dass die Seele eine zentrale Stelle in unserem Leben einnimmt und dass sie ihrem Wesen nach immer in Spannungsfeldern lebt. Ist sie aktiv oder reflektiert sie, ist sie zukunftsgerichtet oder der Vergangenheit zugewandt, lebt sie in Gedanken oder in Gefühlen, entwickelt sie sich eher weiter oder zieht sie sich lieber zurück und stagniert, strömt sie voran oder ist sie eher ratlos, fühlt sie sich frei oder ist sie dauernd mit etwas beschäftigt – die Seele ist ihrem Wesen nach ein Paradox, und nicht selbstverständlich harmonisch.

Geist und Körper sind ein Teil der Welt des Seins, die Seele ist ein Teil der Welt des Werdens. Das macht sie gerade so spannend und in gewisser Weise unvorhersehbar. Sie unterliegt nicht festen, objektiven Gesetzmäßigkeiten, sondern ist an intersubjektiven, variablen, interaktiven Ereignissen beteiligt.

Wegen ihres paradoxen Charakters zeigt sich die Seele in Polaritäten. Die wichtigsten Polaritäten der Seele sind: Vergangenheit – Zukunft, Idee – Wirklichkeit, Innenwelt – Außenwelt. Vergangenheit und Zukunft sind vor uns und hinter uns. Die Vergangenheit können wir reflektierend aus visuellen sinnlichen Beobachtungen wahrnehmen, die Zukunft kommt von hinten und taucht auf, wenn wir sie hören, ihr lauschen. Idee und Wirklichkeit: das ist über und unter uns. Wir stehen in der Wirklichkeit und leben mit Fragen; wir holen Ideen zu uns herunter und bilden uns eine Vorstellung von den Dingen. Innenwelt und Außenwelt: das ist, was sich in uns abspielt im Verhältnis zu dem, was außerhalb von uns stattfindet.

So ist die Seele tatsächlich eingespannt zwischen diesen Polaritäten, um sich vollständig entwickeln zu können. Ihr liegt viel daran, immer in der Mitte zwischen diesen Polen zu bleiben und nicht einseitig in einen dieser Pole verwickelt zu werden. Und das ist ihre Aufgabe, denn nur in der Mitte, im Zwischen-drin besteht die Möglichkeit zur Freiheit, ist Raum für Respekt, und die Liebe hat eine Chance für das Leben und seine Herausforderungen. Hier in der Mitte hat unser Ich die beste Möglichkeit, die Seele zu lenken, mit dem umzugehen, was ihr begegnet, und das Gute zu tun. Gerade in der Mitte zwischen zwei festen und sicheren Polen entsteht Raum, um – frei von Zwängen – nach eigener Entscheidung zu handeln.

Die Seele trennt uns und bringt uns zusammen

Die Seele ist einerseits Teil alles dessen, was wir mit anderen gemeinsam haben, aber auch alles dessen, was uns trennt und anders macht als die Anderen. Wir alle haben eine erbliche Grundlage und gehören erblichen Strömungen an, die zusammen mit Vater und Mutter unsere Seele schaffen. Wenn ein Kind in der Mutter entsteht und seinen Körper in neun Monaten aufbaut, wird auch die Seele angelegt. Doch dieser Prozess bleibt, anders als bei Tieren und Pflanzen, unvollständig. Wenn das Kind geboren wird, kann es zunächst nur schlafen, essen und weinen. Das Kind ist vollkommen abhängig von anderen, um zu überleben und sich das Leben anzueignen. Das erste Lachen, die ersten Schritte, das erste Ich-Sagen bereiten uns Freude, denn es ist Entwicklung darin. Wir tun alles, um dem Kind eine Hülle zu geben und ihm zu ermöglichen, gut behütet seine Umgebung zu erkunden. Das Kind erlebt Harmonie und Geborgenheit. Irgendwann aber wird das Kind mit anderen Seiten des Lebens konfrontiert. Das Leben ist nicht so, wie es dachte, dass es sei. Das verstärkt sich noch, wenn das Kind merkt, dass es anders ist als die anderen. Das Kind kann sich dann einsam und unverstanden fühlen.

So breitet die Seele ihre Flügel aus, mit denen das Kind seinen Lebensweg beginnen kann. Die Seele erlebt die Wirkungen anderer, sie begegnet ihren Seelen-Freunden, sie entdeckt ihr einzigartiges Sein als ein Ich. Erblichkeit, Entwicklung, Begegnung und Ich-Erlebnis geben der Seele die Flügel, mit denen sie das Leben meistern und sich die Erkenntnis des Lebens aneignen muss.

Die Geschichte der menschlichen Seele

3000 Jahre Philosophie zur menschlichen Seele

Das Thema Seele begleitet uns seit Tausenden von Jahren. So lange Menschen auf Erden leben, ist die Seele Teil ihrer Existenz gewesen, seit Platon und Aristoteles beschäftigen Philosophen sich eingehend mit der Frage nach dieser Existenz. Als Kernfrage der Seele beschreiben sie die Hingabe an die Lust einerseits, und andererseits den Erwerb von Kenntnissen.

Letzteres empfehlen sie nachdrücklich, denn dadurch wird die Möglichkeit größer, das Gute zu tun. Doch auch das Glück spielt eine große Rolle in der Beschreibung der Seele.

Noch immer beschäftigen sich Philosophen mit der Seele. Noch immer lebt die Frage: Gibt es die Seele, und wie finden wir sie? Diese dreitausend Jahre Philosophieren zeigen uns, dass die Seele einen mehr und mehr individuellen Charakter bekommen hat, so sehr, dass wir dabei eigentlich den Mitmenschen verloren haben. Wir sind nicht mehr selbstverständlich beieinander, sondern müssen uns darum mühen. Wie Friedrich Nietzsche sagte: »Einstmals war das Ich in der Herde versteckt: und jetzt ist im Ich noch die Herde versteckt.«*

Von der mystischen Seele zur materiellen Seele

Aus einer mystischen Seele ist eine materielle Seele geworden. Während sie viele Jahrhunderte lang im Mittelpunkt unseres Lebens stand und alles für ihr Heil und Glück getan wurde, ist sie jetzt

* Friedrich Nietzsche: *Nachgelassene Fragmente*. 1882–1884. De Gruyter, Berlin 1988.

zu einer Randerscheinung in einer organisierten materiellen Welt geworden. »Haben« dominiert »Sein« und »Werden«. Die materielle Seele ist ein Spiegel der Technologie. Automatisierung, Digitalisierung, Internet, Energiegeneratoren, Elektrizität dominieren zunehmend unser Leben, und kaum ein Lebensprozess kann sich diesen materiellen Kräften entziehen. Die Seele ist hinter der Grenze unseres Lebens verschwunden und haust im dämmrigen Gebiet des Todes. Seele ist eine Sache des Glaubens, und die Rettung der Seele liegt in den Händen irgendwelcher unbekannter Geister. Wir haben das Mystische als eine nicht existierende Wirklichkeit aus unserem Leben verbannt, und doch finden wir immer wieder zurück in das Mystische unserer Seele, wenn die Zeiten schwierig und hart sind.

Platon – Augustinus – Nicolaus Cusanus – Immanuel Kant – Friedrich Nietzsche – Hannah Arendt

Platon hat in seinem *Symposion* Folgendes dargestellt: Das allumfassende und zusammenhängende Ganze wird in zwei geteilt. Neben der *ewigen* Bewegung entsteht jetzt auch eine Bewegung *in Raum und Zeit*. Das verwirrt die Seele des Menschen, die damit herausgefallen ist aus dem allesumfassenden Ganzen. Die Götter schufen nun die sieben Planeten, um der menschlichen Seele eine Orientierung auf der Erde zu geben. Die Erde hilft der Seele bei dieser Aufgabe. Die Sonne schenkt uns Wärme und Licht, so können wir aufblühen und wachsen. Mars gibt uns ein Ziel, und durch Venus übernehmen wir Verantwortung. Jupiter schenkt uns die Weisheit, im Leben richtig zu handeln, durch Merkur erfahren wir Lebensprozesse im Denken und Tun, Saturn schenkt uns den Verstand, das Ganze nicht aus den Augen zu verlieren, und der Mond gibt uns die Möglichkeiten, im Irdischen zu handeln, zum Beispiel Kapital einzusetzen.

Bei Augustinus ändert sich die Perspektive. Hat der Mensch einen freien Willen? Und wie verhält der sich zur göttlichen Vorbestimmung? Statt zu wissen, glauben wir an etwas. Unsere Freiheit besteht darin, dem zu genügen, was von uns verlangt wird.

Nicolaus Cusanus sieht den Menschen nicht *unter* Gott, sondern *neben* Gott. Der Mensch erschafft neben der göttlichen Welt eine eigene Welt. Cusanus gibt uns eine »Brille«*, um das studieren zu können und Erkenntnisse zu erwerben.

Immanuel Kant sieht für uns einerseits die Welt, die wir kennenlernen können, als eine Welt, die für uns sichtbar ist. Aber andererseits können wir das Wesen der Welt nicht erkennen, wir müssen es akzeptieren. Wir tragen selbst die Verantwortung, unser Leben zu gestalten. Und dazu müssen wir übereinstimmen: Was finden wir alle gut, was finden wir nicht gut? Der Mensch hat die Freiheit, sich einzuordnen in ein größeres Ganzes.

Friedrich Nietzsche sieht die grundlegende Änderung darin, dass wir von einer Welt ausgehen müssen, die sich im Werden befindet. Wir müssen uns von allen Fantasien lösen und aufwachen für eine Welt des Willens. Der Mensch muss jetzt Entscheidungen treffen und deren Motive entdecken.

Hannah Arendt schließlich beschreibt in ihrem letzten Buch *Vom Leben des Geistes***, wie der Mensch zuerst in seinem Denken, später in seinem Willen Freiheit erworben hat. Jetzt stehen wir vor einer Aufgabe, die wir gemeinsam wahr machen müssen: Freiheit in unserem Urteilen zu erwerben.

Die Geschichte der Seele steht also unter dem Zeichen: »Auf dem Weg zur Freiheit«, begleitet von dem Motto: »Eigenverantwortlichkeit«.

---

* Nicolaus von Kues: *Über den Beryll. De Beryllo*, ca. 1458/59.

** Hannah Arendt, *Vom Leben des Geistes*. Piper, München 1998.

Von der Gebundenheit der Seele zur Freiheit der Seele

Die Entwicklung der Seele kann man als den Übergang der gebundenen Seele zur freien Seele sehen. Dieser über Jahrtausende andauernde Prozess ging und geht mit Misserfolgen einher. Wie bei Parzival steht am Beginn die einfältige Seele, und nach und nach mussten bzw. müssen wir uns Weisheit und Mut aneignen. Und immer wieder gab es Menschen, die einen Schritt zur Freiheit gemacht haben und zu unseren Wegweisern wurden. Auch wissen wir von Menschen um uns herum, die – oft zusammen mit anderen – diese Freiheit in ihrem Leben verwirklichen.

Wo wir in der Vererbung noch etwas von der gebundenen Seele erleben, können wir in unserem persönlichen Leben unbekannte Wege gehen und unbekannte Horizonte auskundschaften.

Die individuelle Seele entsteht durch Grenzüberschreitungen und Aufschübe

Die individuelle Seele entwickelt sich, indem sie ihre Grenzen verlegt und dadurch, dass sie die Befriedigung ihrer Bedürfnisse aufschiebt. Indem sie Grenzen überschreitet, begibt die Seele sich auf unbekanntes Terrain. Dann ist das eigene Ich gefragt. Hier kann es lenken und mit den Überraschungen, die das Neue der Seele bietet, umgehen. Grenzen überschreiten erfordert Mut und Initiativkraft. Hier ist die Kraft des persönlichen Lenkens tätig, von hier aus kann die Seele ihre Entwicklungsschritte gehen.

Und andererseits entwickelt sich die Seele durch Zurückhaltung, durch Verzichten, durch Aufschieben. Hierdurch schafft sich die Seele Raum, kann sich besinnen, nachdenken. Der Wert unseres Tuns wird auf die Probe gestellt, und dadurch können

Entscheidungen getroffen werden, die für die Seele viel mehr Bedeutung haben als die unmittelbare Befriedigung.

Drei unlösliche Probleme im Zusammenhang: Ursprung – Seele – Freiheit

Für mein Buch *Die menschliche Schöpfung. Philosophie des organisierten Lebens* studierte ich die Schriften einiger Philosophen, die sich mit der Seele beschäftigt haben. Dabei wurde mir zunehmend klar, dass sie nicht nach der Wahrheit, sondern nach dem Sinn des Lebens suchten. Drei Fragen schienen ihnen unlösbar zu sein: das Problem vom Ursprung des Menschen, das Problem, ob es überhaupt eine Seele gibt, und die Frage: Ist der Mensch vorherbestimmt oder kennt er die Freiheit? Der Ursprung als göttliche Tat, als evolutionäres Resultat oder Folge eines Urknalls. Die Seele als unsichtbares, unkenntliches Wesen, das für den einen existiert und für den anderen nicht. Die Freiheit des Menschen gegenüber der Bestimmtheit des Menschen.

Das Umgehen mit diesen Fragen kann neben dem, was uns aktuell beschäftigt, unseren Verstand stärken. Gerade im organisierten Leben, in Organisationen sind diese Fragen wichtig, kommen jedoch selten zur Sprache. Dennoch sind sie unterschwellig anwesend, zum Beispiel in Problemen wie: Was ist unser Ziel, welche Strategie verfolgen wir, welches sind wirklich unsere Aufgaben, unsere weitergehenden Vorstellungen, welches ist der ursprüngliche Impuls unseres Vorhabens, wie ändern und erneuern wir, welche Werte schaffen wir? Sinngebung und Begeisterung in Organisationen, Einrichtungen sind eine Führungsfrage. Daran sind wir letztlich alle beteiligt.

Die Wiederentdeckung der Seele und: der Seele Beachtung schenken

Es wird Zeit, dass wir die Seele wiederentdecken und ihr die Aufmerksamkeit schenken, die sie verdient. Bei allen Problemen, die uns beschäftigen, spielt die Seele eine entscheidende Rolle. Ein Problem ist bereits das Erscheinen der menschlichen Seele. Ein Problem zu bearbeiten, erfordert Sinngebung und Freude. Das begegnet uns, wenn wir uns um unsere Gesundheit kümmern, um die Arbeit, die wir verrichten, das Zusammenleben mit anderen, das Lernen und Entwickeln. Beim Umgang mit einem Problem entdecken wir unbekannte Seiten des Lebens, wir sehen die Welt und uns selbst anders, wir gehen mit der Welt und uns selbst anders um.

Warum haben wir es schwer mit der Seele?

Die Seele erscheint nicht als Materie

Der Zweifel an der Existenz einer Seele entstand mit dem Aufkommen des naturwissenschaftlichen Denkens beim Erforschen der Materie. Man fand keine Seelenmaterie, und so konnte auch kein naturwissenschaftliches Forschen nach der Seele stattfinden. Und die Geisteswissenschaft interessierte sich zwar weiterhin für die Seele, doch auch hier gab es Wissenschaftler, die an ihrer Existenz zweifelten. Alles Unsichtbare wurde in den Bereich des Unerkennbaren verwiesen. Was nicht gemessen und gewogen werden kann, kann nicht erkannt werden. Empirie und wissenschaftliches Prüfen scheinen bei der Seele nicht möglich. Und in der jetzigen Phase unserer Geschichte wird vieles davon abhängig gemacht, was wissenschaftlich festgestellt werden kann. Kein Staat arbeitet mit Richtlinien, die nicht zuerst wissenschaftlich unterbaut worden wären.

Krankheit und Gesundheit, Bildung und Unterricht oder Management werden wissenschaftlich untermauert. So gesehen ist die Geisteswissenschaft der Naturwissenschaft unterlegen. Außerdem wurde bis vor Kurzem auch die Sozialwissenschaft von der Naturwissenschaft beherrscht. Das ändert sich jedoch seit einigen Jahrzehnten. Es ist deutlich geworden, dass im Sozialen nicht das Gesetz der Objektivität und der Wiederholbarkeit gilt, sondern dass es sich hier um Intersubjektivität und permanente Veränderung handelt. *Action research* zeigte uns, dass Aktion und Reflexion Hand in Hand gehen müssen und dass wir die soziale Wirklichkeit bereits verändern, indem wir sie untersuchen. Soziale Wirklichkeit ist also zeitgebunden und wird durch den Kontext bestimmt.

In diesem Sinne können wir also behaupten, dass Materie sich für naturwissenschaftliche Forschung eignet, dass der Geist sich für geisteswissenschaftliche Forschung eignet und dass die Seele sich für sozialwissenschaftliche Forschung eignet. Denn hier sind Entwicklung und Veränderung möglich, hier gehen Kennenlernen und Gestalten Hand in Hand, hier geht es um eine menschliche Schöpfung, die keinen Halt in sich selbst findet, und darum, dass wir sie versorgen und ihr einen neuen Sinn geben müssen. Dadurch nutzen wir die Kräfte der Natur und des Geistes und können die Kernelemente der beiden anderen Wissenschaften in sozialwissenschaftliche Forschung umsetzen. Diese Kernelemente sind: immer wieder selbst die Phänomene wahrnehmen und die Wahrnehmung anderer prüfen, genau hinhorchen, wo Sinnvolles gesagt wird, aufs Narrative achten und auch darauf, wie die entsprechenden Menschen mit typischen unterschwellig manipulierenden Ansichten umgehen. Alles vollzieht sich im dialogischen Prozess der Beteiligten, im sondierenden Erkennen und Erforschen, bis das sich Wiederholende zutage tritt.

All unsere Aufmerksamkeit gilt dem Körper

Dass Materie vorherrschend ist, zeigt die dominante Aufmerksamkeit für den Körper. Wir leben in einer Körperkultur und verwenden alle Aufmerksamkeit für die optimale Körperform. Die Gesundheit zu erhalten, hat für viele von uns Priorität. Den Körper zu üben, die Verschönerung des Körpers, der Körpergenuss haben die Oberhand. Die Sache mit dem Körper kann sehr außer Kontrolle geraten. Übergewicht nimmt zu, angestrebt wird Schlankwerden um jeden Preis. Makeup und Designermode werden für viele Menschen zum Lebensinhalt. Die Medien sind voll von *Körperthemen*, in denen wir uns spiegeln können. Wie richten wir das Haus so schön wie möglich ein, das neueste Automodell steht vor der Tür, ein All-inclusive-Urlaub ist gebucht. Doch diese unaufhörliche Flut von Wünschen bzw. deren Befriedigung können die Seele nicht erfüllen. Nach kurzem Pep verlieren wir die neue Materie aus den Augen, sie wird zur Gewohnheit, verliert ihre Anziehungskraft. Genau wie der Körper befindet sich auch die Materie in einem andauernden Sterbeprozess; die Speicher der Zellen müssen neu aufgefüllt werden. Gewissermaßen geht es ums Überleben, um ein Instandhalten, das hohe Aufmerksamkeit erfordert. Der Körper wird genauso gereinigt, wie das Haus geputzt, der Wagen gewaschen und die Kleider gewaschen und gebügelt werden. Die Arbeit nimmt kein Ende und beansprucht uns. Die Seele kann sich daran festklammern, den Tag damit verbringen, aber letzten Endes verliert sie ihre Kraft und stirbt ein bisschen – gemeinsam mit der Materie.

Durch die dominante Aufmerksamkeit für Materie und Körper ist die Seele gefesselt und die Wirkung des Geistes eingeschränkt. So wird die Seele an ihrer Weiterentwicklung gehindert. Da stellt sich die Frage: Wie wichtig ist die Seele für uns Menschen? Und: Wenn es eine Seele gibt, woher stammt sie und womit ist sie verbunden?

Bei der Beantwortung dieser Frage gibt es zwei dominante Strömungen. Für die eine Strömung ist die Seele also eine göttliche Schöpfung, und das Schicksal des Menschen hängt damit zusammen, wie sich die Seele auf der Erde entwickeln und in veränderter Form in »die Welt des Vaters« zurückkehren kann. Die andere Strömung geht von der Evolution aus: Die Seele des Menschen offenbart sich nach und nach in den Errungenschaften, den Drehungen und Wendungen des evolutionären Daseins der Menschheit und ist verflochten mit allem, was den Menschen umgibt.

Diese beiden Strömungen oder Auffassungen haben unsere Kultur weitgehend dominiert und der Konflikt dauert an. Vielleicht zeigt dies, dass beide Auffassungen ihre Daseinsberechtigung haben. Mehr noch, dass sich aus beiden eine dritte Strömung entwickeln kann. Vielleicht ist die Seele ein plurales Wesen, das einerseits mit der Verkörperung eine irdische und evolutionäre Entwicklung durchmacht, andererseits jedoch von einer schaffenden Gottheit eine geistige Substanz mitbekommen hat, die sie jetzt aus der Freiheit heraus für ihre Entwicklung einsetzen kann. Es gibt also einerseits eine universelle Seelenentwicklung, die wir als Menschen evolutionär mitmachen, und andererseits eine singuläre geistige Substanz, mit der die Seele ihr eigenes Schicksal in die Hand nehmen und die eigene Entwicklung lenken und formen kann. Als Seele ist der Mensch also einerseits erblich bestimmt und an irdische Gesetze gebunden und andererseits in karmische Gemeinschaften eingebettet, in denen sie als singuläre unverwechselbare Persönlichkeit erscheint. Unser Denken, Fühlen und Handeln wird einerseits durch Umgebungseinflüsse bestimmt, und andrerseits folgen wir eigenen geistigen Impulsen, die wir mit unseren karmischen Partnern verwirklichen. Die Balance zwischen diesen beiden kulturellen Wirklichkeiten kann unsere eigene Seele, der eigene Geist, erschaffen und erhalten.

Die Seele ist jetzt gefangen im Reich des Todes

In seiner beharrlichen Suche nach einer Wahrheit, die der Seele eine gewisse Basis schaffen könnte, stellte der Mensch seit Jahrtausenden fest, dass es darauf keine endgültige Antwort gibt. So gab sich die Seele einem unumstößlichen Glauben hin, der diese Sicherheit meinte geben zu können. Dabei steht der religiöse Glaube dem wissenschaftlichen Glauben gegenüber. Sie erkennen einander nicht an, und auf die Dauer erstarren sie in Dogmen oder in empirischer Beweislast. Dadurch wird die menschliche Seele ins Totenreich verbannt.

Denn eins steht fest: Eines Tages kommt der Tod, mehr noch, er kommt andauernd, täglich spielt er eine Rolle in unserem Leben. Sobald wir Tod und Sterben eines geliebten Menschen erleben, ändern sich Raum und Zeit. Alles bleibt stehen, wartet und verlangt, dass wir uns ihm zuwenden. Alles andere relativiert sich, ist nicht mehr so wichtig. In uns sprechen deutliche Stimmen, Gefühle, moralische Erwägungen, und wir fragen uns, ob wir uns überhaupt mit dem Wesentlichen beschäftigen oder uns auf irdischen Wegen verlaufen haben.

Nach dem Tod ist die Seele noch etwa drei Tage lang anwesend. So jedenfalls verstehen es viele Kulturen der Welt. Nachdem das Ich den Körper verlassen hat, lebt es gemeinsam mit der Seele so, wie diese in diesem Leben geworden ist. Das Ich spiegelt der Seele ein Panorama von Bildern ihres ganzen Lebens. Danach durchläuft die Seele einen Prozess der Reinigung, wobei sie die Wirkung des eigenen Verhaltens auf andere Menschen durchmacht. Auch begegnet die Seele ihren karmischen Partnern, die schon früher durch die Pforte des Todes gegangen sind. Dadurch kann etwas entstehen, was vom Geist-Ich als Frucht und Absicht für ein nächstes Leben mitgenommen wird.

Vielen erscheint dies zweifelhaft, für sie gibt es kein Leben nach dem Tod. Anderen sind die Nahtod-Erfahrungen, wie sie in vielen Dokumenten beschrieben werden, ein Beweis dafür, dass die Menschenseele nach dem physischen Tod noch ein weiterer Prozess erwartet.

Die Seele ist Teil der Welt des Glaubens und nicht des Wissens geworden

Nachdem sich die Wissenschaft seit der Zeit um 1500 dominant entfaltete und der wissenschaftliche Ansatz heute unser Leben bestimmt, entstand eine Spaltung zwischen Glauben und Wissen. Alles, was naturwissenschaftlich erforscht werden kann, wird dem Bereich der Erkenntnis und des Wissens zugerechnet, und alles andere, das nicht Sichtbare, nicht Materielle, nicht Messbare, wird dem Bereich des Glaubens zugeschrieben. So entstand die Trennung von Sonntag und Montag. Am Sonntag mussten wir es glauben, und am Montag mussten wir es wissen. Das Wissen wurde mit Tätigsein, mit Tun verbunden und das Glauben mit Reflektieren, Nachdenken und Besinnen. Sechs Tage waren wir tätig und einen Tag widmeten wir der Besinnung.

Doch auch der Sonntag ist für viele inzwischen ein Tag des Tätigseins geworden, und diese Tage des Tätigseins sind durchzogen von wissenschaftlichen Erkenntnissen. Sie begleiten unsere Arbeit, unseren Sport, unser Essen, unser Zusammenleben. In unserer westlichen Kultur wird beispielsweise unser Essen von allerlei wissenschaftlichen Ratschlägen begleitet: was und was nicht, wie viel und wie viel nicht, und welchen Einfluss unsere Nahrung auf das Wohl und Weh unseres Körpers hat.

In östlichen Kulturen geht man anders damit um. So zeigt uns die uralte Ayurveda-Lehre, dass wir darauf achten sollen, wie wir unser Essen verdauen, welche Organe gut funktionieren, welche weniger gut, und dazu müssen wir unserem Essen die richtigen Kräuter hinzufügen.

Die Wissenschaft gibt uns Ratschläge von außen, der Glaube gibt uns Ratschläge von innen. Der Seele als paradoxes oder duales Wesen ist nun am besten damit gedient, das eine mit dem anderen zu kombinieren. Nicht nur das richtige Medikament tut seine Wirkung, sondern auch unser Glaube an seine gute Wirkung lässt das Medikament wirken. Das liegt am Zusammenspiel von Seele und Körper. In unserem Körper gibt es Prozesse, die stark davon beeinflusst werden, wie die Seele damit umgeht. Auf diese Weise gibt es in der Wissenschaft viel Glauben, und in dem Glauben viel Wissenschaft. Deshalb tun beispielsweise allopathische Medikamente zusammen mit homöopathischen Medikamenten ihre Wirkung. Statt dass die Wissenschaft den Glauben ausschließt und der Glaube die Wissenschaft, wünscht sich die Seele, dass sie einander einschließen und gemeinsam tätig sind.

An der Seele als nicht feste Substanz hat die Naturwissenschaft kein Interesse

Da die Seele in den Bereich des Glaubens verbannt wurde, hat die Naturwissenschaft kein Interesse mehr an ihr. Der naturwissenschaftliche Forscher gilt als objektiv und empirisch und damit als der Einzige, der zuverlässige und kontrollierbare Informationen liefern kann. Die entscheidende Frage ist also, ob die Seele überhaupt untersuchbar ist und wie dies dann geschehen könnte.

Wenn wir davon ausgehen, dass die Seele zur Welt des Werdens gehört und damit zu einer Welt des Erscheinens und Verschwindens, müssen wir eine Forschungsmethodik finden, die gerade Entwicklung, Veränderung, Erneuerung, untersuchbar macht. Zunächst müssen wir dann davon ausgehen, dass das Erforschen der Seele ein Prozess ist, sich entwickelt. Das bedeutet, dass sich die Frage während des Forschens verändern kann und auch muss. Und wir müssen mit anderen ins Gespräch kommen und sehen, wie sie dieses Problem betrachten und auch, wie die Frage sich während des Forschens verändert.

Wir entdecken, dass es Fragen gibt, die man beantworten kann, Probleme, die lösbar sind, dass es aber auch Fragen gibt, die definitiv nicht zu beantworten, nicht zu lösen sind. Und das sind die Fragen, die mit Entwicklung, Veränderung, Erneuerung zusammenhängen. Es sind Fragen, die Zeit brauchen. Im Laufe der Zeit erkennen wir, dass wir als Menschheit in unserem mühsamen Streben nach einem organisierten Leben Dinge gewonnen und Dinge verloren haben. Alles kommt und geht, erscheint und verschwindet, und was bleibt, kristallisiert sich aus und integriert sich in den Zustand der menschlichen Seele. Jede nachfolgende Generation bringt neue Impulse mit, und die können unsere Entwicklung der menschlichen Seele weiterbringen, und jede Generation tut dies auf der Basis, die von der vorigen Generation gelegt wurde.

Wir können die Seele erleben, sie aber nicht recht in Worte fassen

Die Seele als unlösbare und damit grundsätzliche Frage ist eine Frage in Entwicklung. Sie ist mit der Frage nach dem Sinn des

Lebens verbunden, dem Sinn unseres Menschseins, dem Sinn meiner eigenen Persönlichkeit und dem Sinn unseres Zusammenseins als Gemeinschaft. Gerade dadurch, dass wir an diesem Problem arbeiten, darüber nachdenken, miteinander ins Gespräch kommen, Erkenntnisse erwerben, kommen wir an die Grenze unserer Erkenntnis. Es regt uns auf, dass wir bei unlösbaren Problemen durchaus etwas erleben, es aber nicht in Worte fassen können. Es ist ein Prozess des tastenden Suchens, bei dem wir unseren inneren Erlebnissen, unserer Intuition die Möglichkeit geben müssen, in uns als Erkenntnisse und als Herausforderung zum weiteren Suchen zu erscheinen.

Viele Menschen empfinden es so: Ich glaube, dass nach dem Tod etwas bestehen bleibt, doch ich habe keine Ahnung, was es sein könnte, außer der Erinnerung jener Menschen an mich, die mich liebten.

Das Schöne an unlösbaren Problemen ist die Tatsache, dass wir nicht so sehr die Meinung *anderer* einbeziehen, sondern viel mehr nach unserem *eigenen* Verhältnis zu dem Problem suchen müssen. Wenn wir dies tun, werden wir merken, dass wir allmählich stärker mit dieser Welt und auch mit anderen Menschen verbunden sind, dass wir Vertrauen in den eigenen Lebensweg entwickeln und andere Menschen dabei unterstützen können.

Religion, Kunst und Philosophie als Weg zur Erforschung der Seele

In unserem persönlichen Suchen in der Erforschung der Seele können wir drei Wege nebeneinander gehen: die Wege der Kunst, der Religion und der Philosophie. Genau diese drei Wege haben auch unsere Vorfahren beschritten. Wir sehen das wunderbare Resultat in den Kunstwerken, den Kathedralen, der philosophischen

Literatur. In meinem eigenen Leben habe ich mich in der Kunst eigener Kompositionen versucht, im Malen eigener Bilder und im Schreiben eigener Geschichten über die Seele. Das sollte andere inspirieren, und ich habe diese drei zusammengebracht in einem Theaterstück mit dem Titel »Die Sprache der Seele«. Ein Zuschauer beschrieb seinen Eindruck nach einer Vorstellung folgendermaßen: »Anfangs verwirrten mich die Bilder, Klänge, Geschichten und Bewegungen, alles wurde auf den Kopf gestellt, doch nach und nach fiel alles an die richtige Stelle. Verwandelt verließ ich die Vorstellung.«

Der Religion begegnete ich durch meine Eltern, indem ich an den Ritualen, den Zeremonien des katholischen Gottesdienstes teilnahm. Das Bild des Christus, der allen Menschen durch Leben, Sterben und Auferstehen vom Tod eine Tür öffnete und die Möglichkeit zur Rettung der Seele bot, machte einen tiefen Eindruck auf mich. Gerade das Erkennen des »zweiten Menschen« im »ersten Menschen«, wie Kierkegaard es darlegte, ist mit diesem universellen christlichen Impuls verbunden. Im Neuen Testament erleben wir die Erneuerung, wir erleben mit dieser Erneuerung einen Prozess, durch den jede Erneuerung geht, die dem Menschen dienen will. Während meiner Tätigkeit in Organisationen habe ich erleben können, wie manche Anwesende diesen Prozess des Initiative-Ergreifens eigentlich nicht zulassen wollten. In solchen Situationen lässt das Ich des Menschen die Seele aktiv werden an allem, was diese Initiative behindert oder zumindest schwierig macht.

Philosophie wurde mir von einem befreundeten Universitätsprofessor nähergebracht. Er empfahl mir, meine Texte besser zu untermauern und mich dazu mit den Werken großer Philosophen zu beschäftigen, die sich dem Problem der Seele gewidmet haben. Ich vertiefte mich dazu in das Werk vieler Philosophen, von Platon bis Michel Foucault, und wurde dadurch vertrauter mit dem Problem der Seele als sinngebende Frage. Die Philosophen gehen immer von praktischen Lebensfragen aus, mit denen Menschen sich beschäftigen.

Diese drei Wege in meinem eigenen Leben zu gehen, hat mir Halt gegeben, um immer weiter zu suchen, um über die Frage nach der Seele nachzudenken und darin die Verbindung zwischen dem organisierten Leben, der Existenz alles Organisierten, und dem ursprünglichen Fragen nach der Seele, unserem Ursprung und unserer Freiheit herzustellen. Ich sehe jetzt die Organisation als deutlichstes Zeichen für das Erscheinen und Verschwinden der menschlichen Seele und ihrer Tätigkeit.

Wie konnte die Seele unserer Aufmerksamkeit entgleiten?

Die Welt des Konsumierens und Materialisierens

In der gegenwärtigen menschlichen Gesellschaft sind weltweit zwei Kräfte wirksam: die Kraft des Konsumierens und die Kraft des Materialisierens. Für jedes Bedürfnis hält der Markt ein Produkt oder einen Service bereit, das bzw. den wir mit Geld kaufen können. Das gibt uns die Möglichkeit, uns materiell wunderbar einzurichten: ein Haus, und das Haus voller Dinge, der Wagen davor, der Tisch reich gedeckt. Es existiert ein weltweiter Warenverkehr, und dadurch steht bei uns zu Hause das, was die ganze Welt produziert hat. Wir können im Kleinen und im Großen konsumieren, denn wir können Geld leihen, um große Anschaffungen zu tätigen.

Das alles gilt jedoch nur für einen kleinen Teil der Weltbevölkerung. Die wohlhabenden Nationen geben ihren Bürgern die Möglichkeit, an diesem Konsumieren und Materialisieren in vollen

Zügen teilzunehmen. Andere Nationen können ihren Bürgern diesen Wohlstand nicht bieten.

Inspiriert von Abraham Maslow und seiner »Bedürfnis-Pyramide« können wir eine Hierarchie menschlicher Bedürfnisse feststellen und beobachten, wie wir diese befriedigen.* Als Grundlage sehen wir drei Bedürfnisse: wohnen, arbeiten und: dass ich und meine Angehörigen lernen dürfen. Diese drei geben uns die Sicherheit, in dieser konsumierenden Welt zu existieren. Danach folgen Sicherheit und soziale Einbindung in eine Gemeinschaft oder in Gemeinschaften. Wenn mir etwas passiert, gibt es andere, die mir helfen. Darauf erschließt sich die Möglichkeit, die Seele auf eine höhere Bewusstseinsebene zu entwickeln, indem wir uns spirituellen Inhalten, einem Glaubensbekenntnis, einem meditativen Leben widmen. Schließlich gibt es die Möglichkeit, sich selbst zu verwirklichen, indem wir unseren Egoismus überwinden und uns für den Anderen einsetzen, den Anderen in seinem Leiden und seinen Bedürfnissen sehen und darauf reagieren. Wenn wir uns bis zu einer solchen Ebene des Daseins entwickeln können, eröffnet sich die Möglichkeit eines erfüllten Lebens. Die Seele des Menschen kann sich entfalten und die einzigartige Persönlichkeit kann sichtbar und wirksam werden. In jeder Gemeinschaft können wir Menschen begegnen, die sich auf diesen Weg begeben haben und ein erfülltes Leben führen – aber auch anderen, bei denen das nicht zu sehen ist. Letztlich sollten wir dies für einander möglich machen, damit die Menschheit ihren Entwicklungsweg gehen und zu einem erfüllten Seelenleben kommen kann.

---

* Abraham Maslow, *Motivation und Persönlichkeit.* Rowohlt, Reinbek 1981.

Die Welt von Prestige und Stress

Für viele Menschen geht es ums pure Überleben. Armut in jeder Hinsicht hindert Menschen daran, sich zu entwickeln. Dann geht es weniger um materiellen Wohlstand als um ein sinnvolles Leben. Anders ist dies für die reichen Länder. Hier herrscht die Welt von Prestige und Stress. Wir müssen alles daransetzen, eine gut situierte Existenz aufzubauen, und das bedeutet, in unserem Job erfolgreich zu sein. Das führt zu Stress. Das ist eine unendliche Geschichte und erfordert von uns stetige Mühe und Anstrengung. Die Seele hat keine Zeit mehr, sich zu besinnen und nachzudenken, sondern ist in einem Hamsterrad von Prestige und Überleben gefangen. Zunehmende Depressionen und Burnouts sind Zeichen dafür, dass die menschliche Seele sich in Richtung Sackgasse bewegt. Sie verliert den Kontakt zu ihren Quellen, den lebendigen Dialog mit anderen, den geistigen Inhalt, der allein und gemeinsam mit anderen erweckt wird, die meditative Lebenseinstellung und persönliches Nachdenken, die Fürsorge für den Anderen.

Die Welt von Erfolg und Versagen

Für Platon war das höchste Ziel eines Menschen das Streben nach Glück, und dazu sollte der Mensch Aristoteles zufolge Erkenntnisse erwerben und Gutes tun. Der Mensch ist angetrieben von Lustbefriedigung und kann sich selbst zum Erwerb von Kenntnissen bringen. Lustbefriedigung vergeht schnell, erworbene Kenntnisse bleiben, so Aristoteles. Diese Ratschläge gelten noch immer, sie haben große Bedeutung in unserer Welt von Erfolg und Versagen.

Im organisierten Leben ist Erfolg eine treibende Kraft geworden und Versagen sollte vermieden werden. »The winner takes it all« ist die Devise. Doch die Wirklichkeit sieht oft anders aus, und Versagen ist ein Teil des Daseins. Wenn das Erwerben von Erkenntnissen wirklich die Grundlage für ein glückliches Leben ist, bedeutet eine vermeintliche Niederlage nicht, dass wir versagen, sondern, dass wir etwas kennenlernen, das nicht oder nicht vollständig gelungen ist.

Entscheidend für die Seele ist, welches Ziel man sich setzt. Ist das Ziel, die Nummer eins zu sein? Ist das Ziel eine Lernerfahrung zu haben? Ist das Ziel, Reichtum zu erwerben? Oder ist das Ziel, dem Anderen zu helfen? Daraus ergeben sich sehr unterschiedliche Lebensinhalte und Lebenserfahrungen und wir begeben uns in ganz unterschiedliche Prozesse.

Jeder Mensch muss ein Ziel definieren, das zu der Situation passt, in der er sich gerade befindet. Für einen jungen, ambitiösen Menschen ist das ein anderes Ziel als für einen alten Menschen in seiner letzten Lebensphase. Für die Seele ist es wichtig, dass das Ich des Menschen ihr ein Ziel gibt, ein Ziel, mit dem ein Sinn des Lebens verbunden ist. Da geht es nicht um Erfolg oder Versagen, sondern um das fortwährende Streben und darum, aus den Erfahrungen zu lernen, die während dieses Prozesses gemacht werden.

Die Welt von Reich und Arm

Wie sehr die Welt den Sinn des Lebens und die Bedeutung der Seele vernachlässigt hat, kommt beim Thema Reich und Arm gravierend zum Vorschein. Ein Prozent der Weltbevölkerung ist reich, und den übrigen 99 Prozent der Weltbevölkerung ist es nicht vergönnt, in Reichtum zu leben. Die Reichen werden immer reicher und die Armen damit immer ärmer.

Zwischen Reich und Arm steht der Teil der Weltbevölkerung, der Wege findet, die eigenen Grundbedürfnisse zu befriedigen. Diese

Wege zu finden, hängt von der Gemeinschaft ab, in der ein Mensch lebt. Es gibt Familiengemeinschaften, die dem Einzelnen helfen, seinen Weg im Leben zu finden. Es gibt berufliche Arbeitsgemeinschaften oder Lebensgemeinschaften, in denen der Mensch sich einen Weg suchen kann. Es gibt auch persönliche Gemeinschaften, die ein Mensch aufbaut, um gemeinsam mit anderen, mit denen er karmisch verbunden ist, eine gemeinsame Basis und Aufgabe zu finden. Wenn der Mensch in diesen drei Typen von Gemeinschaften gut verankert ist, hat die Seele den Halt, ihren Weg zu ihrer Lebensaufgabe zu finden und Lebensimpulse zu realisieren. Ein reicher Mensch ist der Mensch, der dies in seinem Leben realisieren kann, und ein armer Mensch ist der Mensch, dem dieses Eingebettetsein nicht gelingt.

Die Welt von Ausschließen und Hereinlassen

In einer Gemeinschaft macht der Mensch die Erfahrung, dass es ein Ausschließen und ein Hereinlassen gibt. In den traditionellen Gemeinschaften können wir Geschlossenheit erleben. Die Mitglieder der Gemeinschaft sorgen dafür, dass alles gemäß der Tradition verläuft. Wer dem nicht entsprechen will, läuft Gefahr, als Außenseiter betrachtet und ausgeschlossen zu werden, da er oder sie den Zusammenhalt der Gemeinschaft in Gefahr bringt. In organisierten Gemeinschaften geht es in erster Linie darum, irgendetwas oder irgendjemandem zu dienen, der außerhalb der Gemeinschaft steht. Dadurch kann jemand einfach aus der Gemeinschaft ausgeschlossen werden, wenn er den Erwartungen derjenigen nicht entspricht, die diese Gemeinschaft leiten. Die offene Gemeinschaft dagegen sieht es als ihre Aufgabe an, Menschen bei sich aufzunehmen, sie Teil der Gemeinschaft werden zu lassen.

Früher waren die traditionellen Gemeinschaften, beispielsweise die Familie, und die organisierte Gemeinschaft eins: der Familienbetrieb. Die Menschen konnten sich als Mitglied einer größeren Familie fühlen und ihr ganzes Leben in demselben Betrieb arbeiten. Heutzutage fühlen nur etwa 20 Prozent der Mitarbeiter diese Verbundenheit; die organisierte Gemeinschaft ist nur noch der Ort, wo man sein Brot verdient. Auch die traditionellen Gemeinschaften werden infrage gestellt, weil die Menschen stärker ihre eigene Individualität erleben und rasch eine organisierte offene Gemeinschaft suchen, in der sie eine andere Gemeinschaftserfahrung und einen anderen Blick auf sich selbst bekommen.

In diesem Sinne können wir Gemeinschaften als beseelte Einheiten beschreiben, was sichtbar wird an der dort bestehenden Kultur. In der traditionellen Gemeinschaft erlebt man, dass die Seele und damit die Kultur eingebunden ist; jeder fügt sich ein. In der organisierten offenen Gemeinschaft gibt es für Seele und Kultur eine Entwicklungsaufgabe, die vom Zeitgeist und von nachwachsenden Generationen beeinflusst wird. So wird die menschliche Seele einerseits geformt von der traditionellen Gemeinschaft, aus der wir stammen, und andererseits von organisierten Gemeinschaften, deren mitbestimmender Teil wir werden wollen. Und als Drittes gibt es die persönliche Gemeinschaft, die ich selbst mit den Menschen gestalte, deren Schicksal und Hingabe an eine Sache ich teile.

Die Welt von Licht und Dunkelheit

Die Seele wird sichtbar in der Biografie des Menschen, in seinem Lebenslauf. Diese Biografie ist ein Weg, der mit hellen und dunklen Momenten gepflastert ist. Es gibt Phasen und Augenblicke, in denen alles stimmt und ich mich wohlfühle in meiner Haut, und es gibt Augenblicke, in denen alles schiefgeht und ich nicht mehr ganz in mir bin.

Die Seele lebt in einer Welt von Licht und Dunkelheit. Im Prinzip geschieht dies in unserem Wachen und Schlafen. Wir sind wach und präsent und wir schlafen / träumen und sind ganz weit weg. In unserer inneren Welt, in unserem Bewusstsein gibt es ein waches Bewusstsein und ein Unterbewusstsein. Was wir denken, fühlen und wollen ist gelenkt vom Ich und beeinflusst von allem, was – oder wer – auf uns zukommt. Im Unterbewusstsein lebt alles, was wir nicht verarbeitet und zu unserem eigenen Wesen umgeformt und das wir damit auch nicht zu unserer Art zu sein und aufzutreten gemacht haben. Wir haben es mit einem Doppelgänger zu tun, der für uns selbst unsichtbar ist, für den Anderen dagegen erschreckend deutlich anwesend sein kann. Der Andere spiegelt uns die dunkle Seite unserer Seele und kann uns das Feedback dessen geben, wie wir erscheinen, und damit deutlich machen, dass dies vielleicht ganz anders ist, als wir denken. Die Seele ist gern im Dialog mit anderen, um sich selbst kennenzulernen. Jeder, dem wir begegnen, ist ein Spiegel für die eigene Seele. Das schenkt unserer Seele den Impuls, an sich zu arbeiten.

Gerade das Denken gibt uns die Möglichkeit zur Selbstentwicklung. Aber: Im Denken kommen Objekt und Subjekt zusammen. Ich kann darüber nachdenken, wie ich denke, nachdenken über meinen Gedankenverlauf und darin auch neue Gedanken aufnehmen, die vielleicht von anderen stammen. Das Denken kann auch unser Fühlen und Tun beeinflussen, wir können daraus lernen und es uns bewusst machen. Im Denken üben wir unsere Aufmerksamkeit, und dadurch wird die Seele zu einem Organ entwickelt, das unser Wohlergehen bestimmt. Den Zustand unserer Seele können wir an unserer Aufmerksamkeit erkennen – aber auch an dem, was wir vernachlässigen oder wovon wir uns abwenden.

Aufmerksam für das Leiden

Die Existenz der menschlichen Seele wird sichtbar am Leiden, das der Mensch erduldet. Am Leiden erleben wir die Unvollkommenheit unseres Daseins. Enttäuschung, Krankheit, Konflikt, Ende einer Beziehung, Misslingen, Misserfolg, Einsamkeit – wir kennen so viele Lebenssituationen, in denen wir Leiden erleben. Wenn wir einem Menschen begegnen, der unserem Leiden Aufmerksamkeit schenkt, und wenn wir selbst dem Leiden des Anderen Aufmerksamkeit schenken wollen und können, kann das eine heilende Wirkung auf uns beide haben. Grundsätzlich ist es eine Aufgabe für jeden von uns, dem Anderen diese Aufmerksamkeit zu schenken und sie auch zu erhalten. In einer Welt, in der vor allem Erfolg und Glücklichsein zählen, ist der Gegensatz zum Erleben des Leidens groß, und dieser Gegensatz wird immer deutlicher. Doch hat das Leiden auch einen Sinn, denn es bringt uns zu entscheidenden Erfahrungen unseres Lebens. Den Anderen aus freiem Willen von seinem Leiden zu erlösen, ist ein sehr großes Geschenk. In alten Märchen und Geschichten spielt das Leiden eine große Rolle. Entwicklung und Erneuerung, Erlösung aus dem Leiden und Heilung bedeuten Hinfallen und wieder Aufstehen.

Die Erlösung aus dem Leiden beginnt mit der Frage: Woran leidest du, welches ist dein Schmerz? Wenn diese Frage aus Interesse und Mitgefühl gestellt wird, kann der Prozess der Erlösung beginnen. Es entsteht ein Dialog, und ich kann das Leiden in Worte fassen. Schon das hat eine heilende Wirkung auf die Seele. Vor allem, wenn der Andere mit unseren Augen sehen und mitempfinden kann, ohne es zugleich zu seinem eigenen Leiden zu machen.

Aufmerksam für das Opfer

In einer Zeit wie der unsrigen, in der wir so sehr mit uns selbst beschäftigt sind, ist es nicht selbstverständlich, das Leiden des Anderen zu uns durchdringen zu lassen und ihm unsere Hilfe anzubieten. Doch sind Fürsorge für den Anderen und zugleich Fürsorge für uns selbst die Grundlage des Lebens, des Zusammenlebens. Uns wird das Opfer abverlangt, die eigenen Interessen zugunsten des Anderen zurückzustellen. Ein Opfer zu bringen, ist eine Geste der Seele. In früheren Zeiten brachten Menschengruppen oder ganze Völker den Göttern oder Vorfahren ihre Opfer und erflehten Hilfe. Heutzutage kennen wir vor allem das Opfer, das wir dem anderen Menschen bringen. Eine Mutter, die viel für die Entwicklung des Kindes opfert, ein Vorgesetzter, der viel für das Wohlergehen seiner Mitarbeiter opfert, eine Pflegekraft, die ihre eigene Zeit für die Versorgung der alten Nachbarn opfert, der Ehemann, der seine Frau in ihrer eigenen Entwicklung unterstützt.

Kleine und große Opfer sind eine Geste der Seele, die vielleicht sogar reich belohnt wird. Zunächst aber kann es der Seele die Befriedigung schenken, etwas Gutes getan und die eigenen Interessen einmal beiseitegeschoben zu haben. Außerdem öffnet sich die Seele für andere, sie sieht und erlebt das Gute, was andere für einen selbst tun. Der Sohn, der seine Mutter in der letzten Phase ihres Lebens begleitet, erlebt die Liebe zur Mutter und die Liebe der Mutter zu sich, ein reiches Geschenk, eine sinnerfüllte Geste. Dieses Opfer trägt Früchte in beider Leben, in dem die Mutter einst den Sohn und nun der Sohn die Mutter trägt.

Aufmerksam fürs Überleben

Die Seele kann an Grenzen stoßen, Überlebensgrenzen. Ihr kann über lange Zeit Nahrung fehlen, sie kann austrocknen, einschrumpeln, an Lebensgrenzen kommen und aufgeben wollen. Besonders in Zeiten der Einsamkeit, wenn man sich verloren fühlt, Kontakte verliert, werden Grenzen erlebt, die dem Tod nahe sind. Die Seele kann in betäubende Rauschzustande oder Oberflächlichkeit geraten und sich selbst verlieren. Dann findet das eigene Ich keinen Zugang mehr zur Seele. Man gibt das Steuer aus der Hand und landet in einem steuerlosen und sinnentleerten Dasein. In einem Überlebenskampf kann die Seele von dauernder Angst gequält werden, sich eingesperrt fühlen. Depressionen werfen sie zu Boden, Licht und Wärme verschwinden aus dem Leben. Einander etwas geben und miteinander teilen kann zur Rettungsboje werden, um aus dem dunklen Tal zu Licht und Wärme des Anderen emporzuklettern. Wir alle kennen diesen Kampf und wissen, wie wichtig die Seele eines Anderen ist, die uns in diesem Kampf begleitet und unterstützt. Es geht dann nicht darum, dass ein Anderer mein Schicksal übernimmt und mir das Steuer aus der Hand reißt, sondern darum, dass die eine Seele die andere stützt und ihr hilft, das Steuer auf eine neue Art selbst wieder in die Hand zu nehmen. Es ist ein mit Risiken verbundenes gemeinsames Abenteuer, das zur Rettung der Seele führen kann.

Aufmerksam für die Liebe

Die Kraft der Liebe kann unsere Seele dazu beflügeln, sich mit dem Anderen zu verbinden, wenn es um das Leiden und Überleben des Anderen geht, und darum, uns zu opfern. Die Liebe kann erwachen, und wir können an sie appellieren, wenn wir das Wesen des Anderen kämpfen sehen. Von Mensch zu Mensch, von Ich zu Ich kann die Liebe heilend wirken. In Freiheit und Respekt kann die Liebe zwischen Menschen tätig werden. In der Liebe wird eine Verbindung eingegangen, und es wächst das Vertrauen, dass wir in unserem Leiden nicht allein sind. Gerade in schwierigen Zeiten wird der menschlichen Seele durch Treue und Vertrauen ein Fundament geschaffen, dann sind wir aufeinander angewiesen. Gute Seelenqualitäten wie Dankbarkeit, Zuneigung, Fürsorge begleiten unser Zusammensein bei Lebensprozessen, in denen die eher finsteren Kräfte wie Angst, Neid, Schuldgefühl, Verzweiflung dominieren.

Aufmerksam für Gnade

Wenn Menschen einander ihre Hilfe anbieten, können sie die Erfahrung machen, dass eine dritte Kraft anwesend ist: Es ist die Kraft der Gnade. Sie kommt aus den Segnungen dessen, der sagt, dass es gut ist. »Denn wo zwei oder drei in meinem Namen versammelt sind, da bin ich mitten unter ihnen« (Matthäus 18,20). Gnade ist mit einem Gefühl der Hoffnung verbunden, mit einem Gefühl des Glaubens, das im liebevollen Beisammensein entsteht. Gnade schafft Raum in unserer Seele, sodass wir die Kraft des eigenen Ich wieder entdecken können und Vertrauen gewinnen, die Situation mithilfe des Anderen zu meistern. Nun verbinde ich mich wieder mit dem Lebensimpuls, den ich für dieses Leben mitgebracht habe, der aber in den Verwicklungen meiner Seele verloren gegangen war.

Aufmerksam für Angst, Hass und Schuld

Die Seele wird immer wieder vor eine Aufgabe und eine Herausforderung gestellt. Wir sind nicht von Natur aus und wie selbstverständlich mit allem vertraut, was Menschen schaffen und erschaffen haben. Wir sind abgekoppelt, losgelöst worden vom verlässlichen Natürlich-Kosmischen und leben in einer organisierten Macht-Welt, in der wir uns immer wieder bewähren müssen. Dadurch entsteht in der Seele ein Grundgefühl der Angst.

Angst wurde einmal wie eine Fahrt im dichten Nebel beschrieben, in dem plötzlich Hindernisse auftauchen können, denen man ausweichen muss. Wir alle haben unbewusst Angst in dieser organisierten Welt, und dadurch lebt in uns immer die Sehnsucht nach Sicherheit. Wir können in eine bedrohliche Situation geraten, von der wir nicht wissen, was sie mit uns vorhat. Vor allem zwischen Menschen können Dinge geschehen, die das Tageslicht scheuen. Es gibt Missbrauch und Gewalt, denen wir nur schwer entgehen, wenn wir uns als der Schwächere, der Abhängige fühlen. Das kann auf Dauer zu Hass gegen den führen, der uns unterdrückt, drangsaliert. Andererseits können wir selbst zu Dingen verführt werden, die unser Gewissen belasten. Wir empfinden Schuld und suchen Wege, alles wieder in Ordnung zu bringen.

Angst, Hass und Schuld lauern in unserem Unterbewusstsein und können unvermutet im Bewusstsein auftauchen und Herrscher unserer Seele werden. Sie können die Tätigkeit unseres Ich in der Seele ausschalten, und dann brauchen wir die Hilfe anderer, um dies zu überwinden.

Aufmerksam für Versagen und Gelingen

Unsere große Angst ist die, zu versagen. Wir haben uns etwas vorgenommen, schaffen es aber nicht, es zu verwirklichen. Das erleben wir, wenn Angst uns packt und wir vom Weg abgebracht werden, dem unsicheren Weg, den wir gehen wollen. Desto größer ist die

Freude, wenn uns etwas gelingt, wenn wir die Angst vor dem Versagen überwinden. Versagen und Gelingen kennzeichnen Lebenssituationen, die uns herausfordern und aus denen wir lernen können. Es hält unsere Seele in Atem, einerseits zu akzeptieren, dass Versagen möglich ist, uns aber dennoch zu bemühen, unsere Absichten zu verwirklichen. Wir begegnen dem Unbekannten und müssen mit etwas vertraut werden, das wir nicht sofort irgendwo einordnen können, mit dem wir nicht umgehen können. Sich unter Kontrolle haben ist nicht nur eine Frage der Selbstbeherrschung; es geht vielmehr darum, ob wir mit uns selbst in Kontakt sind und unser Leben aus unseren tatsächlichen Fähigkeiten und Möglichkeiten führen. Schaffen wir es, aus unserem Versagen, aus unseren Fehlern zu lernen, sodass wir bei einem nächsten Mal besser gewappnet sind, mit unbekannten Situationen umzugehen? Misserfolge können tief in unser Leben eingreifen und uns auch verletzen – körperlich und seelisch. Ein Verarbeitungsprozess muss stattfinden, zu dem wir andere um Hilfe bitten können.

Aufmerksam für Heilen und Gesundwerden

Wunden, die wir erleiden, müssen heilen und wir müssen gesund werden. Körperlich kann das ein Pflaster auf eine kleine Schramme bedeuten oder eine schwere Operation. Wunden der Seele sind oft schwer zu heilen, denn dazu gehört Eigenregie, die wir nicht immer aufbringen. Therapie kann ein langwieriger Prozess werden. Es sind mühsame und oft langwierige Prozesse, die Wunde zu suchen und nach den möglichen Ursachen der Verletzung zu forschen sowie die Möglichkeiten der Heilung herauszufinden. Die Suche nach den möglichen Ursachen einer Seelenverletzung in der Vergangenheit ist wie das Suchen in einer Höhle ohne Licht. Es erfordert Zeit und Regelmäßigkeit, dem Ganzen auf den Grund zu gehen und die Seele und ihre Verletzungen offenzulegen. Welchen Anteil hat der Andere und welches ist der eigene Anteil an dieser Verletzung? Was kann der Andere tun und was muss ich selbst tun? Das sind die Fragen auf dem Weg zum Heilen und Gesundwerden. Ein wichtiger Schritt ist es, die Seele von den Kräften abzukoppeln, die sie unter Kontrolle halten wollen. Wir sind nicht bereit, etwas loszulassen und uns der Tatsache zu stellen, dass es vielleicht anders war, als wir denken. Wie können wir ein Problem lösen, das so fest in unserer Seele verankert ist? Das gelingt nur, wenn wir eine andere Heilkraft entdecken, eine Kraft, die mit Liebe und Akzeptanz verbunden ist.

Diese Kraft kann uns zuteilwerden, wenn wir den Menschen finden, der sich in Freiheit so mit unserem Schicksal verbindet, dass diese Kraft Balsam für die Wunde wird.

Wie ist die Wirkung einer seelenlosen Zeit auf den Menschen?

Vernachlässigung und Verwahrlosung

Für das Vernachlässigen der Seele müssen wir immer einen Preis zahlen. Es kann zu einer Art Dekadenz und zu Verwahrlosung führen. Beim Verwahrlosen der Seele verlieren wir den Blick auf unsichtbare, aber spürbare Realitäten, die uns in unserem Leben unterstützen. Wir gehen erbarmungslos um mit den Tieren, mit der Natur, mit der Erde, den Quellen unseres Daseins. Wir wollen alles unter Kontrolle bekommen, es beherrschen und für unser eigenes Wohl gebrauchen. Wir leugnen unsere Verantwortung für alle lebenden Wesen um uns herum, die auch eine Seele, eine Daseinsberechtigung haben. Wir sind übergriffig und sehen nicht, wie alles miteinander verwoben ist und wir auch unsere eigene Seele aufs Spiel setzen, wenn wir solche Grenzen überschreiten und rücksichtslos in das Leben anderer eingreifen. Die Seele wird arm und eng, und dank der Fähigkeiten, die uns inzwischen zur Verfügung stehen, haben wir auch die Möglichkeit, nach Herrschaft zu streben. Doch in unserer Seele haben wir dazu nicht die moralische Substanz.

Das geht so weit, dass wir den Anderen ignorieren und vernachlässigen. Wir lassen andere Wesen hilflos zurück und kümmern uns nicht um ihr Schicksal. Wir respektieren das natürliche Dasein der Erde und ihrer Natur nicht mehr. Wir greifen ein und formen alles nach unseren eigenen Wünschen um. Wir verlieren und verlernen das Zusammenleben. Egoistisch stellen wir alles in den Dienst unseres eigenen Lebens. Damit opfern sich andere Wesen für uns auf, und nur allzu oft ist uns das nicht bewusst. Obgleich wir aufgerufen sind, unser Leben zu ändern, sind wir nicht dazu in der Lage und vergrößern unseren Wohlstand bis über die Grenzen des Respekts vor diesen anderen Wesen.

Oberflächlichkeit und Erniedrigung

Das Leugnen der Seele führt zu Oberflächlichkeit und Erniedrigung. Die Seele hängt auch mit unserem Bewusst-Sein zusammen. Wir sind mehrgliedrige und mehrschichtige Wesen. Wir haben Tiefen in uns und müssen lernen, sie aus eigener Kraft zu erreichen. Nach außen sind wir mit unserem Antlitz sichtbar, in dem sich unsere Seele spiegelt. Im Gesicht des Menschen steht das Leben geschrieben. Aber wir sehen uns kaum noch an und hören uns nicht wirklich zu, gehen eigentlich aneinander vorbei. Wir benutzen uns, aber begegnen uns nicht. Wir müssen uns bewusst darum bemühen, bis in den tiefsten Grund unserer Seele durchzudringen. Dort finden wir erbliche Kräfte, dort finden wir tief herabgesunkene Erfahrungen, dort finden wir die Früchte voriger Erdenleben, dort finden wir Sinn und Bedeutung. Doch da wir oberflächlich geworden sind, gibt es für uns schnell ein Übergeordnetsein und ein Untergeordnetsein. Wir erniedrigen den Anderen, indem wir uns über ihn stellen und ihn unseren eigenen Interessen unterordnen. Wir nehmen den Anderen in unseren Dienst. Und das kann auch umgekehrt sein. Wir fühlen uns dann untergeordnet und hilflos.

Doch der Seele geht es nur gut, wenn wir einander in die Augen sehen, gleichwertig miteinander umgehen, unseren Differenzen Raum geben und nach Gemeinsamkeiten suchen. Wenn wir aufmerksam für das Seelenwesen des anderen sind, können wir uns unter der Oberfläche begegnen und miteinander weitermachen.

Konflikt und Gewalt

Wir geraten nur allzu schnell in Konflikt miteinander und neigen dann dazu, Gewalt zu gebrauchen. Das ist nicht per se körperliche, doch in jedem Fall Seelen-Gewalt. Wir greifen den Anderen an, erniedrigen ihn. Das geschieht, wenn wir miteinander in etwas verwickelt sind. Anfangs nur irritiert, ärgern wir uns über den Anderen, und dieses Ärgern kann in einen Konflikt ausarten. Der Konflikt kann eskalieren. Zunehmend machen wir uns ein negatives Bild von dem oder den Anderen, und dieses Bild entwickelt sich zu einem Phantom. Es irrt herum und macht uns Angst. Das kann zu radikalen Vorstellungen führen, am liebsten würden wir uns mit Gewalt von dem oder den Anderen befreien. Wir merken nicht, dass wir den Kontakt zur Realität verlieren und in einer Art Wahnwelt landen. Die Seele ist besetzt und gefangen in diesem Phantom und richtet ihr Leben danach ein. Es kann auch dazu führen, dass man den Kontakt zu diesem Anderen vermeidet oder sogar abbricht und auch Gedanken an ihn völlig ausschaltet. Das Totschweigen hält Einzug. Es ist nicht leicht, eine solche Konflikt-Eskalation, eine solche Konflikt-Spirale zu durchbrechen. Dazu braucht die Seele Hilfe, die eine Tür öffnet, ein Fenster aufstößt, durch das wieder Licht hereinfallen kann. Hilfe auch dabei, einen Weg zu finden, der uns aus dieser Konfliktkette befreien kann.

Innere Leere

Die vernachlässigte Seele gerät in eine innere Leere. Denn sie muss kontinuierlich ernährt werden, ebenso wie der Körper. Die Seele braucht täglich geistige Nahrung. Wenn wir ein anregendes Buch lesen, ein gutes Gespräch mit unserem Partner führen oder einen eindrucksvollen Dokumentarfilm sehen, werden wir berührt, angerührt, und das gibt der Seele Nahrung. So sind auch wir selbst Nahrung für die Seele anderer. Wenn wir den Anderen ausbilden, ihn begleiten, unterstützen, können wir an seine Seele rühren, sie anrühren, und das ist Seelennahrung.

Innere Leere kann entstehen, wenn wir nur in unserer Routine leben, ohne jede Begeisterung. Die Seele vertrocknet, trocknet aus. Denn gerade das Überraschende, das Ungewohnt-Unbekannte, das Besondere kann unsere Seele öffnen und ernähren. Wenn unserem Leben Aufgabe und Ziel fehlen, verdorrt die Seele. Die innere Leere bringt unser Leben in Gefahr. Wir können reizbar und krank werden und kommen dem Sterben und dem Tod näher.

Depression und Seelenschmerz

Eine Seele, die nicht mit ihren Quellen verbunden ist, wird depressiv und leidet unter Schmerzen, Seelenschmerz. Sie schließt sich ein und wir kreisen um uns selbst. Das Leben wird chaotisch und unbeherrschbar, wir sind wie in einem dunklen Raum eingeschlossen, in einer sinnlosen Zeitspirale. Liebeskummer, ein verlorenes Ideal, eine misslungene Initiative führen zu Seelenschmerz.

Ein solcher Schmerz ist nicht leicht zu heilen, er begleitet das Leben. Wir müssen dieses Ereignis in unser Leben integrieren, statt es zu ignorieren. Wenn wir uns bewusst machen, durch welchen Prozess wir gehen und gegangen sind und wodurch dieser Schmerz entstanden ist, können wir diesem Schmerz einen Platz in unserem Leben geben. Unsere Seele ist bereit, es mitzutragen, und das kann überraschend zur Quelle für unser weiteres Leben werden. Gerade unser Ausformulieren, unser Gedächtnis, unser Gewissen spielen dabei eine Rolle. Wenn das nicht gelingt, entsteht eine Depression aus unserer Ohnmacht, dieses Ereignis zu verarbeiten. Wir sind dann darauf angewiesen, dass ein Anderer uns hier an die Hand nimmt und uns dahin führt, wo es im Leben weitergehen kann.

Diskriminierung und Unterdrückung

Die Lebensqualitäten Freiheit, Gleichheit und Brüderlichkeit sind Quellen für die Seele. Diese Qualitäten geben uns ein menschliches Fundament für unser Zusammenleben, für eine Gemeinschaft, in der alle, wie unterschiedlich sie auch sein mögen, gut zusammenleben können. Sie sind die Antwort auf eine Gesellschaft, in der Diskriminierung und Unterdrückung herrschen. Diskriminierung und Unterdrückung sind die negativen Kräfte, die die Seele in Fesseln legen. In unserer Welt ist Diskriminierung weit verbreitet. Menschen werden diskriminiert, weil man ihnen das nicht zugestehen will, was man als eigene Privilegien für sich beansprucht. Man erschwert oder verweigert anderen wegen ihrer Abstammung, Hautfarbe oder ihres Geschlechts den Zugang zu allem Möglichen, weil man sich über diese Menschen erhaben fühlt, und man lässt damit zu, dass Klassenunterschiede entstehen. Diskriminierung geht mit Unterdrückung einher. Mit aller Macht wird der andere in die Enge getrieben, und der kann sich nicht in ein anderes Leben bewegen. So werden Menschen systematisch unterdrückt, die nicht in das dominante System passen. Damit haben sie keine Chance, ihr eigenes Potenzial zu entfalten. Freiheit, Gleichheit und Brüderlichkeit sind universelle Seelenwerte, die uns als Mensch und Menschheit weiterbringen können. Sie gestalten die Kräfte, die die menschliche Seele in ihrer Entwicklung tragen können.

Missbrauchen und Ignorieren

Die Verwahrlosung der Seele kann dazu führen, dass wir den anderen lediglich als Objekt sehen, das wir für unsere eigenen Interessen gebrauchen können. Dieses Gebrauchen kann jegliche Grenze überschreiten. Aus Gebrauchen wird Missbrauchen. Das kann in Familien zu sexuellem Missbrauch von Kindern führen, es kann in organisierten Zusammenhängen zum Missbrauch von Mitarbeitern führen, die zu etwas gezwungen werden sollen, was ihre Würde missachtet.

Außer Missbrauch existiert auch das Ignorieren. Die Seele leidet, wenn man gerade von Menschen ignoriert wird, an denen man sehr hängt. Kinder, die von ihren Eltern ignoriert werden, fühlen sich in der eigenen Seele verloren. Es gibt jedoch auch den Vorgesetzten, der nicht aufmerksam auf die Mitarbeiter achtet, sie ignoriert und nicht bemerkt, wenn sie Hilfe brauchen. Schon im antiken Griechenland war Verbannung schlimmer als die Todesstrafe. Wenn wir die Würde des Menschen aus den Augen verlieren – was sehr schnell auf subtile Weise geschehen kann –, verlieren wir auch unsere eigene Würde.

Für den Anderen da sein, dem Anderen seine Würde lassen, dem Anderen bei seinen Problemen helfen, das Leiden des Anderen in dessen Augen sehen und in seinem Herzen mitfühlen können, das kann die Seele des Menschen vor Vernachlässigung und Einschrumpfen retten.

2. Das Erscheinen der Seele

Im Gegensatz zur Seele, bei der wir einen »Prozess des Werdens« erleben, sehen wir bei unserem Körper und unserem Geist einen »Prozess des Seins«. Körper und Geist sind vorhanden und können als solche von uns untersucht und bestätigt werden. Das bedeutet nicht, dass wir das Mysterium von Körper und Geist bereits durchschaut hätten. Wir sind auf der Suche. Die Seele in ihrem Werden ist eine Entwicklungstatsache. Dies zu untersuchen, verlangt von uns ein Prozedere, in dem Aktion und Reflexion, Intention und Tätigkeit, Denken und Tun Hand in Hand gehen. Wir kommen zu Fragen des Veränderns und Erneuerns und beziehen dabei die Wer-, Was-, Wie-, und Warum-Frage ein. Ein wesentlicher Bestandteil dieser Suche nach dem Erscheinen der Seele sind dabei unsere Innenwelt und unsere Außenwelt und die Frage, wie sie sich zueinander verhalten.

Wie ist die Seele im Laufe der Zeit in uns erschienen?

Die Seele ist entstanden, nachdem die geistig-natürliche Einheit unterbrochen wurde

Die Entstehung der Seele ist ein großes Mysterium. Wir können uns Mysterien bildhaft annähern, denn in Bildern können wir ein Gefühl dafür bekommen, was sich hinter einem Mysterium verbirgt.

Platon hat einen Versuch unternommen, das Mysterium der Seele zu verstehen. Er beschreibt das Bild so: Am Anfang war alles Einheit, alles war Teil eines runden Ganzen. Durch einen göttlichen Vorgang wurde das Ganze zweigeteilt. Dadurch wurde Bewegung möglich. Neben dem ewigen Kreislauf des Geistes entstanden Raum und Zeit, ein begrenzter Kreislauf der Seele. Das verwirrte die Seele, sie verlor ihre eigene Gesetzmäßigkeit. Sie fiel gleichsam aus dem natürlich-kosmischen Zusammenhang heraus. Als Orientierung für die Seele schufen die Götter die Planeten.

Ein anderes Bild Platons ist das Bild von der Höhle*, in der Menschen, in Fesseln gekettet, nur die Schatten von etwas sehen können, was sich hinter ihnen abspielt. Vor ihnen sind die Schatten der Wirklichkeit. Wenn einer von ihnen aus den Fesseln befreit und aus der Höhle mitgenommen wird, ist er zuerst geblendet. Nach und nach entdeckt er, dass eine andere Wirklichkeit existiert als nur die Schattenwirklichkeit.

Diese Bilder müssen meiner Meinung nach nicht als Bilder einer Wahrheit gelesen werden, sondern als Bilder, die uns dem Sinn näherbringen. So kann das erste Bild Platons als das Leben in zwei Welten gedeutet werden: der Welt des Seins (alles ist Teil eines ewigen Ganzen und hängt miteinander zusammen), der Welt des Geistes – und der Welt des Werdens (alles ist in Raum und Zeit gebettet), der Welt der Seele. – Das zweite Bild, das Bild der Höhle, spiegelt, dass wir zu einem Leben mit Vorstellungen von der Wirklichkeit verbannt sind und die Wirklichkeit erst kennenlernen können, wenn wir das Licht der richtigen Idee darauf scheinen lassen. Und damit ist es so, dass die Welt der Wahrnehmung

* Platon: *Der Staat*. Übers. von Otto Apelt, Meiner, Hamburg 1989.

und die Welt der Idee, des Denkens, einander brauchen, um in Zeit und Raum angeschlossen zu sein an das wirkliche Leben, das wir und andere führen.

So können wir die Seele darstellen, und das tun Philosophen, Künstler, Wissenschaftler und Gläubige. Damit können wir der Seele einen Platz in unserem Leben geben und ein reicheres und erfüllteres Leben führen.

Die Seele zeigt sich als Spannungsfeld zwischen Geist und Materie

Der Geist und die Natur *sind*, so könnte man sagen. Sie *sind da*, und wir können ihre Existenz durch Überprüfen und Erfahrung kennenlernen. Wir entdecken Gesetzmäßigkeiten und können dadurch Erscheinungen deuten und auch vorhersehen. Sie sind Teil der Welt des Seins. Das aber, was wir selbst erschaffen, entzieht sich den natürlich-kosmischen Gesetzmäßigkeiten. Sie sind aus der Welt der Materie und aus der Welt des Geistes, der Idee abgeleitet und herunter- oder heraufgeholt. Sie zeigen sich als selbstkomponierte Seele. Das gilt für unsere Vorstellungen, unsere Interpretationen, unsere Bilder, unsere Sehnsucht und unsere Begeisterung, unsere Motive und Beweggründe. Das gibt der Seele ein Spannungsfeld, das als paradoxe Wirklichkeit erscheint. Am schönsten manifestiert sich dies, wenn wir Fragen stellen. Eine Problematisierung bringt uns zu einem Prozess des Erkundens und Handelns, sie verlangt Beurteilen und Beschließen.

Im ersten Teil dieses Buches wurde darauf eigegangen, dass die Seele eine paradoxe Tatsache ist, gespalten in Polaritäten. Die wichtigsten Polaritäten sind: Vergangenheit – Zukunft, Idee – Wirklichkeit, Innenwelt – Außenwelt. Alles, was die Seele ausmacht, finden wir in diesen drei Polaritäten. Im Hier und Jetzt ist alles eine Frage, bei der die Innenwelt und die Außenwelt miteinander in Kontakt kommen. Das Denken über unser Denken kann diese Polarität in Bewegung bringen. Denn nur das Denken vereinigt Objekt und Subjekt. Das Ich des Menschen kann über sein Reflektieren nachdenken und damit die Brücke zwischen den beiden Polen schlagen und eine gesunde Mitte schaffen, in welcher unsere Gefühle und unser Tun eine gesunde Grundlage finden.

Die Seele ist paradox und erweist sich als Problem

Wir entdecken das Ungleichgewicht zwischen verschiedenen Wirklichkeiten, zwischen verschiedenen Polaritäten, und die Seele sucht eine Orientierung. Die zu geben, ist Aufgabe der Planeten. Es geht dabei um die Erde, unsere Erde. Die Menschen, die sich dieser Frage widmen, bringen Licht und Wärme hinein. Dabei entdecken sie ein Ziel (Mars) und übernehmen mit dieser Aufgabe Verantwortung (Venus). Sie nähern sich dieser Frage in einem Prozess im Lauf der Zeit, Schritt für Schritt, wobei Denken und Tun Hand in Hand gehen (Merkur). Dabei lassen sie sich lenken von Auffassungen, Prinzipien, die uns in diesem Prozess begleiten (Jupiter). Um weiterzukommen, durchzuhalten, werden sie inspiriert von der Idee, die uns einen Leitfaden für das Ganze gibt (Saturn). Wir sind bereit, unser eigenes Kapital einzusetzen, wir wollen viel Zeit auf etwas verwenden (Mond). Und genauso, wie sich die natürlichen Planeten im Verhältnis zueinander bewegen, sollen wir in uns diese von uns selbst geschaffenen Orientierungspunkte in ein gutes Verhältnis zueinander bringen.

Wir sehen nicht nur Probleme außerhalb von uns, sondern erleben sie auch in uns selbst. Wir sind für uns selbst ein Problem geworden. Das zeigt sich in der Biografie des Menschen. Ich kann mir alle möglichen Vorstellungen davon machen, wie sich mein Leben abspielen wird, doch im Nachhinein war mein Leben voller Überraschungen. Mit wem ich zusammen sein werde, wo ich bin und bleibe, welchen Beruf ich ausübe, wofür ich mich begeistern werde, entdecken wir nach und nach und eignen es uns an.

In der natürlichen Seele können wir Gesetzmäßigkeiten entdecken. In China hieß es früher: Die ersten 21 Jahre lernen wir, in den darauffolgenden 21 Jahren kämpfen wir, und in der dritten Phase von 21 Jahren werden wir weise. Was danach kommt, ist geschenkter freier Raum. Die Griechen beschrieben die Biografie in Siebenjahresphasen und zeigten, was sich in jeder Phase entwickeln kann. Zum Beispiel entwickelt das Kind in der Zeit zwischen sieben und vierzehn Jahren ein kreatives inneres Leben – wenn es nicht von der Umgebung daran gehindert wird. Jede Phase schließt mit einer Krise ab, in der wir von etwas Abschied nehmen und unserem Leben etwas Neues hinzufügen müssen.

Diese Muster sind zwar erkennbar, doch gibt es immer die Überraschung der Tatsächlichkeit, die sich entwickeln kann. So hätte ich als Kind kaum vermutet, dass ich mit 65 Jahren gemeinsam mit Kollegen einen Workshop für 40 Teilnehmer in China leiten würde.

Die Seele ist also eingespannt zwischen Materie und Geist, um selbst Regie im Leben zu führen und die sich bietenden Möglichkeiten je nach Vermögen zu ergreifen und weitere Schritte zu tun. Wir entdecken Talente in uns, Fähigkeiten, die wir nie zuvor bei uns gesehen hatten, Begeisterung und Sehnsüchte. Wir gehen auf bekannten, aber auch auf unbekannten Wegen, machen Fehler und lernen aus unseren Fehlern, und immer kommen wir zurück auf Kernpunkte unseres Lebens, die dann zur Entwicklung gebracht werden.

Die Seele lebt hier auf der Erde zwischen Geborenwerden und Sterben

Die Seele kann sich aus Freiheit entwickeln. Dabei kann das Ich das Steuer in die Hand nehmen. Das vollzieht sich in einem bereits vorhandenen Lebensprozess, in einem immer wieder Geborenwerden und immer wieder Sterben. Wir müssen im Leben loslassen und wir müssen im Leben aufgreifen und anfangen. Unser Körper erneuert ständig seine Zellen um weiterzuleben, unser Geist erkundet immer wieder Ideen, archetypische Bilder für ein tieferes und breiteres Verständnis, und unsere Seele schafft Vorstellungen, Gefühle und Handlungsimpulse. Es ist ein andauerndes Aufgreifen und Loslassen. Das ist notwendig, damit aus unserem wachen Leben alles in einem unterbewussten Leben reifen kann, aus dem es nach einiger Zeit des Reifens wieder auftauchen und als etwas Neues erscheinen kann. Dieses in der Seele Geborenwerden erfordert von uns ein getreues und aktives Erkunden, ein Durcharbeiten, wonach es losgelassen werden und in der unterbewussten Seele reifen kann. Irgendwann erscheint es wieder in einer neuen Situation und wir können mit den transformierten, metamorphosierten Resultaten weitermachen. So baut sich die Seele durch ihre eigene Arbeit auf.

Die Seele ist im Glauben angekommen und muss befreit werden

Es ist nicht mehr selbstverständlich für uns, aktiv zu werden, damit die menschliche Seele sich weiterentwickeln kann. Wir sind eher mit der Vorstellung erzogen worden, dass wir nicht selbst erkennen können, sondern glauben müssen. Und das Bild der menschlichen Seele wurde nach und nach fest verbunden mit der Vorstellung des Glaubens. Im täglichen Leben wird uns der Glaube in vielerlei religiösen Bewegungen, Kirchen, Gemeinschaften angeboten. Die Glaubensverkündigung vermittelt uns den Glauben, wobei das Beten und gemeinsame Singen einen wichtigen Teil ausmacht. Wir bekennen uns zu diesem Glauben und kultivieren ihn in unserer Seele. Der Glaube ist dabei an einen Kontext gebunden: Es gibt Dogmen und Wahrheiten, die geglaubt und befolgt werden müssen. Damit allerdings wird verhindert, dass der Mensch selbst auf die Suche geht und sich darein vertieft, wie die Dinge sind und welche Bilder im eigenen Inneren entstehen. Der Glaube stagniert und bekommt einen festen und rituellen Charakter. Das führt dazu, dass auch die Seele in ihrer Entwicklung stagniert und an feste Glaubensüberzeugungen gebunden ist. In institutionalisierten Zusammenhängen wird die Seele auf etwas festgelegt und Vorschriften unterworfen. Daraus muss sie befreit werden. Wir selbst müssen die Seele ergreifen und mit ihr an die Arbeit gehen.

Die Seele ist von unserem praktischen Leben abgekoppelt

Während die Seele im Bereich des Glaubens noch existieren darf, ist sie aus unserem täglichen Leben verbannt. Das praktische Leben existiert ohne bewusste Seele, und wir selbst geraten in Verwirrung, weil es keinen selbstverständlichen Sinn mehr im Leben gibt. Wir sind in einem funktionellen Leben gelandet, in dem das Müssen und der Nutzen im Vordergrund stehen. Alles soll immer mehr und immer besser werden, und wir strengen uns an, dies in einer materiellen und vielbeschäftigten Welt zu realisieren. So kommen wir in ein Hamsterrad, in dem wir weiterrennen, ohne einen Sinn darin zu sehen. In unserem hektischen Leben ist es schwer, anzuhalten und stehen zu bleiben. Die Hektik nimmt uns den Raum und die Zeit zur Reflexion. Zwar erleben wir sehr wohl die verheerende Wirkung eines Lebens ohne Reflexion, aber es gelingt uns nicht recht, die Spirale von Handeln und immer Weitermachen zu durchbrechen. Wir wollen erst mit der Arbeit fertig sein, bevor wir uns das Reflektieren gönnen, doch wir werden nie fertig und werden zu den nächsten Aufgaben weitergetrieben. Wir müssen lernen, zwischen dem zu unterscheiden, was uns von außen auferlegt wird, und dem, was wir selbst als wichtig empfinden.

Anstatt zuerst mit dem fertig sein zu wollen, was getan werden muss, und dann zu hoffen, die Zeit für das zu finden, was für uns wichtig ist, sollten wir es umkehren können und uns erst dem widmen, was für uns wichtig ist, und dann Pflichten erfüllen. Gerade frühmorgens und später am Abend können wir gute Momente finden, um zu reflektieren und uns zu besinnen. Ein Rückblick auf den Tag, ein Vorausblick auf das, was am heutigen Tag kommt, sich erinnern an das, womit man sich beschäftigen wollte, eine kleine Übung, um am heutigen Tag anzukommen, eine kleine Übung, um abends loszulassen, helfen dabei, gut in der Seele zu leben und das Steuer dabei nicht aus der Hand zu geben.

Die Seele ist ein Erfülltsein von Ideal und Wirklichkeit

Die Seele zu entwickeln, eine bewusste Seele zu schaffen, ist das Ziel unseres Lebens, unserer Biografie. Dazu ist es notwendig, zwei Grundvoraussetzungen zu entdecken, die uns dabei unterstützen. Die eine ist ein Ideal, das wir im Leben verwirklichen wollen, die andere, im Hier und Jetzt anwesend zu sein, eingebunden zu sein in die Wirklichkeit, in der wir uns befinden. Es kommt also darauf an, wie diese beiden sich zueinander verhalten: Will ich die Wirklichkeit nach meinem Ideal formen, oder will ich mein Ideal in der Wirklichkeit wahrmachen, die ich antreffe? Die erste Variante führt immer zu Problemen mit anderen. Denn die sollen sich meinem Ideal unterordnen, obwohl sie vielleicht andere Ideale in sich tragen. Das führt letztlich immer zu einer Form von Gewalt. In der zweiten Variante gehen wir den entgegengesetzten Weg. Wir wollen herausfinden, was den Anderen bewegt, und von da aus zu einer Gemeinsamkeit kommen, bei der unterschiedliche Ideale miteinander tätig sein können. Wenn es so ist, dass die Entwicklung der Seele das Ziel des Lebens ist und wir dazu Bewusstsein erwerben und Verantwortung aus Freiheit übernehmen wollen, müssen wir nach Emmanuel Lévinas* zuerst vom Anderen ausgehen, dem Anderen dienen, ohne das eigene Ideal aufzugeben. Gerade in der Unterstützung des Anderen kann ich mein Ideal verwirklichen, denn wir sind es, die hier und jetzt miteinander zu tun haben, vielleicht sogar dazu »verurteilt« sind.

Wenn wir jedoch den Anderen dem eigenen Ideal unterordnen wollen, führt dies letztlich zum Schalwerden meiner eigenen Seele. Dann stehe ich allein, isoliert da, und nur noch der Gebrauch von Gewalt gibt einen kurzen Aufschub.

Dem Anderen zu dienen dagegen schenkt der Seele Erfüllung, denn gerade die Seele will sich mit dem Anderen vereinen und bleibt damit dem treu, was wir selbst im Leben verwirklichen wollen.

---

* Emmanuel Lévinas, litauisch-französischer Philosoph, 1906–1995.

Alles, was sich in unserer Seele abspielt und was wir in der äußeren Welt tun, ist eine Spiegelung der eigenen Seele. Vor allem Organisationen sind ein Spiegel der menschlichen Seele. In jeder Organisation kommen alle Dimensionen der menschlichen Seele zusammen. Jede Organisation ist verbunden mit der Arbeit der gesamten Menschheit. In jeder Organisation finden wir alles wieder, wozu der Mensch fähig ist. Nachdem jahrhundertelang Organisationen geschaffen wurden, leben wir in organisierten Gemeinschaften, in denen sich alle Lebensprozesse befinden, die wir kennen und die wir entwickelt haben. Wenn wir uns ins organisierte Leben begeben, kommen wir ins Seelenkonstrukt der Menschheit. So haben wir jetzt eine Weltwirtschaft, eine Weltkultur, eine Weltsprache, ein Weltgedächtnis, ein Weltgewissen, eine Weltseele. Darin ist alles paradox, alles geht von Polaritäten aus, und dazwischen ist eine Mitte. Es ist die Lebenskunst der Seele, sich nicht an einen der Pole zu verirren, sondern diese Pole auszubalancieren und eine Mitte zu schaffen, aus der heraus sie existieren und tätig sein kann. Einige dieser Mitten sind von fundamentaler Bedeutung für die Seele: im Hier und Jetzt leben mit dem Bewusstsein unserer Vergangenheit und dem Blick in die Zukunft; den eigenen inneren Impulsen und Intuitionen vertrauen, und zwar im Zusammenhang mit den Problemen, die in der Realität bei uns selbst und bei den anderen auftauchen; das eigene Ideal in der Zusammenarbeit mit den anderen erhalten, einen eigenen Standpunkt entwickeln im Verhältnis zu den Impulsen, die andere in sich tragen und einbringen wollen.

Um dies realisieren zu können, müssen wir drei Aspekte beachten. Aspekt 1: Wir leben in Prozessen und deren Kontext, in denen die Dinge sich vollziehen. Aspekt 2: Wir leben und arbeiten im

Dialog mit den anderen. Darin schaffen wir Werte: ökonomische Werte, soziale Werte und kulturelle Werte. Aspekt 3: Das Wesentliche ist verbunden mit dem Wesentlichen der Biografien von Menschen und Organisationen. Wir verbinden unsere Beobachtungen mit dem, was andere berichten. Wir prüfen unsere Ergebnisse an anderen und entdecken Leitprinzipien und Arbeitsgesetzmäßigkeiten zwischen Menschen. Wie ein Spiegel beschäftigt uns ja die Frage, wie wir uns im Gleichgewicht halten. Und somit leben wir in einer intersubjektiven Wirklichkeit. Als Seele müssen wir aus unserem Ich heraus lernen, diese Wirklichkeit zu beherrschen. Das gelingt aus einem wachsenden Bewusstsein, das aus unseren verarbeiteten Erfahrungen entstanden ist. Dazu gehören die entscheidenden Ideen, mit denen wir uns verbunden haben.

Der Unterschied zwischen Seele und Geist

Der Geist ist das Wesen, die Seele ist die sichtbare Erscheinung

Eine nicht enden wollende Frage ist die nach dem Unterschied zwischen Geist und Seele. Oder ist es vielleicht sogar dasselbe? In der religiösen Sprache begegnen wir beiden Begriffen. Laut Lukas-Evangelium beispielweise schwebte der Heilige Geist in Gestalt einer Taube auf Jesus herab (Lukas 3,21f.). Und die Seele wurde irgendwann zu etwas, das gerettet werden musste. Vom Geist war dann nicht mehr die Rede. Es ging um Körper und Seele. Das führte dazu, dass dem Menschen in gewisser Weise die Verantwortung für die eigene Seele abgenommen wurde, und zwar von der Autorität der Kirche, die im Namen Gottes auftrat.

Denn es ist so: Der Geist ist Teil der Welt des Seins, ist eine Konstante, ein fester Wert. Die Seele ist ein Teil der Welt des Werdens, ein variabler Wert. Gerade der Geist spricht in feurigen Zungen, er ist die verantwortliche Institution, die lenkt und die Seele zu ihrer Bestimmung führen kann. Damit ist unser eigener menschlicher Geist mit all den Geistern verbunden, die das Schicksal des Menschen und der Menschheit beeinflussen und mitbestimmen wollen. Der Geist stellt das Wesentliche dar, er repräsentiert das, worauf es ankommt. Die Seele ist die Erscheinung, und in der Seele erscheinen verschiedene Geister, die die Seele lenken wollen. Unser eigener Geist sollte darin maßgeblich sein können, was aber durchaus nicht immer der Fall ist. Dabei ist es doch gerade der Kern des christlichen Impulses, dass er die Seele von den ihn beherrschen wollenden Kräften befreien und Raum schaffen will für den Geist des Menschen selbst, verbunden mit dem Christusgeist.

Geist und Körper – archetypische Bilder

In unserer Kultur sind Geist und Körper dominant. Wir bemühen uns um einen perfekten Körper – mit einem wachen Geist. Der Körper ist ein perfekter Spiegel von Natur und Kosmos. Alles ist mit allem verbunden, und der Sinn des Körpers zeigt sich im sichtbaren oder unsichtbaren Selbstverständlichen. Das Herz klopft, das Blut fließt, der Atem kommt in uns herein und verlässt uns, die Haut atmet. An den Fußsohlen können wir alle inneren Organe massieren lassen. Und auch der Rand der Ohren spiegelt die Organe wider. Der Körper ist in seinem unglaublichen Zusammenhang eine Schöpfung, ein Mirakel. Die Organe des Körpers sind mit Planetenkräften verbunden. Sonne und Mond, aber auch Mars und Venus, Jupiter, Merkur und Saturn üben eine Wirkung auf den Körper und die darin funktionierenden Organe aus. Dem Körper ist unsere karmische Vergangenheit eingeprägt. Im Gesicht sehen wir die Charakteristika unserer Person. Vor allem der Geist drückt sich darin aus. Zwischen Körper und Geist wird die Seele zum Leben erweckt. Jeder Gesichtsausdruck zeigt etwas von der Seele.

Idee und Wirklichkeit

Geist und Körper werden erkennbar in Idee und Wirklichkeit. Idee ist das, was uns lenkt und dem, was ist und erscheint, eine Bedeutung gibt. Die Wirklichkeit erscheint in allem, was sich tatsächlich zeigt.

Es gibt eine Ideenwelt, mit der jeder Mensch in Kontakt kommen kann. Wir können uns Ideen aneignen und nach Ideen leben. Das tun wir in einer Wirklichkeit, die wir vorfinden, die sinnlich zu beobachtende Wirklichkeit, in der wir leben. Da jeder von uns Ideen hat und jeder in eigenen Wirklichkeiten lebt, gibt es keine selbstverständliche Kommunikation untereinander. Diesen Zusammenhang, diese Kommunikation müssen wir bewusst schaffen. Während der kosmische und der menschliche Körper in einen Zusammenhang gebettet sind, muss die Seele Idee und Wirklichkeit aufeinander beziehen. Indem wir unsere Wahrnehmung und unser Denken schulen, können wir Idee und Wirklichkeit immer besser in ein sinnvolles Verhältnis zueinander bringen.

Von einer Zweifaltigkeit zu einer Dreifaltigkeit

Wir haben die Seele als ein Paradox charakterisiert, das in Polaritäten erscheint. Statt als Dualität können wir die Seele aber besser als eine Dreifaltigkeit beschreiben. Zwischen den beiden Polen entsteht eine Mitte als ein bewegliches Ganzes. Die Seele kann sich zu einem der beiden Pole begeben und wird dann geradezu paralysiert, sie sitzt fest. In der Mitte ist Raum für Bewegung. In der Mitte kann eine Balance zwischen den beiden Polen gehalten werden. In dem Sinne ist die Seele mit Lebenssinn, Bewegungssinn und Gleichgewichtssinn ausgestattet. Diese Sinne sind die Pforten der Seele, aus denen sie ihre Wahrnehmungen und Impulse holt. Wenn wir nicht in Bewegung sind, können wir selbst erleben, dass wir aus der Balance kommen: Es geht uns schlecht, wir fühlen uns losgelöst vom Leben. Wenn wir in Bewegung sind, im Gleichgewicht und voller Lebensgefühl, geht es uns gut. Es ist also wichtig, unser Leben immer wieder auf diese drei Sinne oder Qualitäten zu lenken und auch einander darin zu unterstützen. Denn es ist gerade der Andere, der uns in Bewegung bringen kann, zu uns selbst bringen, in Balance halten, uns inspirieren und anregen kann.

Geisteswelt und Erdenwelt

Wir gehen während unseres Lebens durch natürlich-kosmische Rhythmen: Wachen und Schlafen, Einatmen und Ausatmen, Sich-Bewegen und Stillstehen. Unser Körper ist mit Natur-Rhythmen auf der Erde und in der Erde verbunden. Daneben sind wir als individueller Mensch auch ein Geist-Wesen. Wir sind verbunden mit geistigen Welten, die uns, wenn auch oft auf Abstand, mit Interesse auf unserem Lebensweg folgen. Wir leben also in zwei Welten. Diese beiden Welten sind in einem Rhythmus miteinander verbunden. Das ist das Werk der Seele. Sie verbindet diese beiden Welten. Sind wir wach, dann ist uns die Erdenwelt nahe. Schlafen wir, dann ist die Geisteswelt nahe. Was wir täglich an Erd-Erfahrungen machen, wird nachts verarbeitet und durchleuchtet. Das gibt uns immer wieder neue Impulse, die wir in unser tägliches Tun mitnehmen.

Der Geist ist harmonisch, die Seele ist paradox

Auf diese Weise wechseln wir von einem paradoxen Dasein (dem Leben in Spannungsfeldern) zu einem harmonischen Dasein (einem Leben in festen Verhältnissen). Es ergeben sich für uns immer mehr Probleme: Wir wollen ein harmonisches Dasein, aber finden uns immer wieder mit unvollendeten Angelegenheiten konfrontiert, die unseren Einsatz fordern. Es gibt Augenblicke, in denen alles zusammenpasst, aber kurz darauf gibt es wieder ein Ungleichgewicht.

Ich selbst habe mich in meiner Beratungstätigkeit bei Organisationen jahrelang um Harmonie bamüht – darum, Gegensätze zu überbrücken und Ziele und angestrebte Richtungen anzugleichen. Dann musste ich feststellen, dass dies nicht gelang und dass Organisationen als Spiegel der menschlichen Seele aus paradoxen Verhältnissen bestehen. Statt nach Harmonie zu streben, ist es deshalb viel sinnvoller, mit Sinngebung sowie Freude und Begeisterung anzufangen.

Der menschliche Geist ist das Ich des Menschen

Der menschliche Geist ist ein individueller Geist. Zwar gehört er zum geistigen Kapital der Menschheit, tritt aber als individueller Geist auf, als Ich. So gesehen ist es nicht sinnvoll, den Geist auf abstrakte Weise zu erforschen, sondern wir sollten ihn eher als autonomes Wesen sehen, das sich in einer Seele und in einem Körper manifestiert. Der menschliche Geist ist anwesend, wenn er angesprochen wird: »Ich habe dich bei deinem Namen gerufen« (Jesaja 43,1). Der Name jedes Menschen ist Teil seines Wesens. Wenn ich das Ich eines Anderen anspreche (nicht sein Ego), ist der Andere plötzlich wirklich anwesend und wir können einander begegnen. Der Geist kann das Denken, Fühlen und Wollen der Seele lenken, ihr eine Richtung geben. Das Ich des Menschen ist die zuverlässige Instanz, auf die wir unser Leben bauen können. Es ist selbstverständlich für mich geworden, dass ich viel mehr meinen Intuitionen, dem, was mein Herz sagt, trauen kann, als allerlei gut gemeinten Ratschlägen anderer.

Die menschliche Seele ist das Selbst des Menschen

Die Seele liegt und lebt zwischen Geist und Körper. Die beiden Letzteren sind das göttliche Kapital, das der Mensch mitbekommen hat, Geist und Körper, und damit kann er an der Seele bauen, die Seele entwickeln und auch die Seele anderer in ihrer Entwicklung unterstützen. Das kann für die Erziehung von Kindern gelten oder für den Vorgesetzten mit seiner Verantwortung für die Mitarbeiter oder auch bei der Beratung von Klienten.

Die menschliche Seele hat ihre bewusste und ihre unbewusste Komponente. Sie hat ihre Qualitäten und Fähigkeiten, und sie hat daneben das noch unentwickelte, unbewusste Kapital, das in Seelenbewusstsein und Seelenfähigkeiten umgesetzt werden kann. Das ist durch eine Schulung der Seele möglich. Dazu gibt es zwei Wege: einen individuellen und einen gemeinsamen Weg. Der individuelle Weg bedeutet, dass die Seele durch Meditation, in Verbindung mit einer geistigen Welt, zu einem höheren Bewusstsein geschult wird. Das Ich, unser Geist, arbeitet hier mit der Seele in einem inneren, individuellen Prozess. Die Schulung durch die Gemeinschaft ist ein neuer Schulungsweg der Seele. Indem wir uns mit dem Anderen verbinden und im Dialog in seinen Entwicklungsfragen und auf seinem Weg des Erkennens und Voranschreitens unterstützen, kann ein Bewusstsein dafür entstehen, worauf es ankommt. Und die Seele wird nach und nach reifer und bewusster.

Geist und Ego

Der menschliche Geist hat darunter gelitten, dass die Wissenschaft dem Ego eine so starke Aufmerksamkeit zukommen ließ und sich dies auch auf den Umgang der Menschen untereinander auswirkte. Das Ego ist nicht per se positiv konnotiert, besonders deutlich kommt das in dem Begriff »Egoismus« zum Ausdruck.

Der menschliche Geist ist autonom und nimmt ausschließlich das in sich auf, was wirklich durchdacht und zu eigenen Gedanken, Gefühlen und Erfahrungen geläutert ist. Das Ego dagegen ist ein zusammenhängendes Ganzes von Eigenheiten, die wir mit uns tragen. Der Geist öffnet unsere Seele, wogegen das Ego unsere Seele verschließt. Der Geist bringt uns zum Anderen, das Ego entfremdet uns voneinander. Es gibt geistige Strömungen, die uns raten, das Ego aufzulösen und in einer universellen Geisteswelt aufzugehen. Das Ego soll überwunden werden, wir sollen zu einem ego-losen, einem selbst-losen Dasein kommen. Dem steht jedoch gegenüber, dass gerade der individuelle menschliche Geist zur Stütze für die verstörte Seele werden kann und sie auf gute Wege leitet. Anstatt in einem universellen Geist aufzugehen, wollen wir die Geisteswelt bitten, unseren eigenen Geist zu ernähren und beim Abenteuer seines Lebens zu unterstützen.

Seele und »mind«

In der englischsprachigen Literatur wird der Begriff *mind* gebraucht. *Mind* ist eine Art Kreuzung zwischen Geist und Seele und wird neben *body* zur Beschreibung des menschlichen Wohlbefindens verwendet. Gesund an *mind and body*. Das erlaubt eine große Vielfalt, wenn es um den Bereich Gesundheit geht. Doch assoziiere ich *mind* eher mit dem Kopf und der Gedankenwelt des Menschen. Die Seele ist viel umfassender; in ihr gibt es auch Gefühl und Willen.

Das ist ja gerade so faszinierend, wie die Seele die drei Qualitäten Denken, Fühlen und Wollen miteinander in Zusammenhang bringt. In gewisser Weise wirken sie immer zusammen. So bringen wir das Wollen ins Denken und das Denken ins Wollen. Ein fortwährendes Fühlen begleitet diese menschliche Aktivität. Das Ich des Menschen kann diese drei Seelenqualitäten lenken und sie in ein gesundes Verhältnis zueinander bringen. Wenn eine von ihnen extrem stark ist, etwa ein dominanter Wille oder ein dominantes Denken oder ein alles beherrschendes Gefühl, wird die Interaktion mit einem selbst oder mit dem Anderen schwierig. Da ist eine Schulung der Seele durch das eigene Ich im Dialog mit dem Anderen gefordert, wenn die Seele in Balance kommen und fruchtbar tätig sein soll.

Wie können wir heutzutage die Seele wahrnehmen?

Die Seele erleben wir in der Bewegung

Schon Aristoteles nahm an, dass wir die Seele in der Bewegung des Körpers wahrnehmen können. Nicht der Körper bewegt sich, sondern die Seele bewegt den Körper. Diese Bewegung kann kultiviert werden, wie wir es im Sport, im Tanz oder in unserer eigenen Bewegung sehen. Dabei spielen einerseits der Körperbau, andererseits die seelische Bewegung eine Rolle. Es ist eine Tatsache, dass gesunde Bewegung das Leben verlängern und die Gesundheit fördern kann. Wenn wir uns bewegen, kann der Körper den eingeatmeten Sauerstoff besser im Blut verarbeiten, kann die Verdauung besser funktionieren.

Die Seele erleben wir in der Sprache, im Gedächtnis, im Gewissen

Nicht nur in der Bewegung, sondern auch in der Sprache, im Gedächtnis und Gewissen begegnen wir der Seele. Wenn wir von einem harmonisch klingenden musikalischen Kosmos ausgehen, dann ist der Mensch darin so positioniert, dass dessen Spiegelung zuerst das Singen ist. Im Laufe der Seelenentwicklung hat das Singen sich weiter auskristallisiert im Sprechen und in der Sprache. Wir haben gelernt, unsere Gedanken und Gefühle in der Sprache auszudrücken, und in Wissenschaft, Kunst und Religion erfüllt Sprache eine wichtige Rolle. Die Sprache zu beherrschen, ermöglicht es unserer Seele, sich auszudrücken. Je mehr die Seele sich entwickelt, desto größer wird unser Wortschatz.

Auch unser Gedächtnis ist ein Ausdruck der menschlichen Seele. Wir leben im Hier und Jetzt, und Vergangenheit und Zukunft entwickeln sich in unserem Gedächtnis. In der Erinnerung können wir etwas wieder her-holen: eine Erfahrung wahrnehmen und sie im Inneren zum Leben erwecken.

Das Gewissen als Seelenerscheinung wird geschult, indem wir uns mit Gut und Böse beschäftigen und unsere moralischen Fähigkeiten dazu entwickeln, das Gute zu tun.

In Sprache, Gedächtnis und Gewissen spielen alle drei Seelenpolaritäten eine Rolle: Vergangenheit und Zukunft, Ideal und Wirklichkeit, innere Welt und äußere Welt.

In der Sprache drücke ich aus, was ich erlebt habe und was ich erstrebe, was mich inspiriert und was mir bevorsteht, was in mir vorgeht und welchen Dingen ich in der Welt begegne.

Im Gedächtnis drücke ich aus: Erinnerung und Wunsch, meinen Lebensimpuls und was von mir gefordert wird, was zu mir gehört und was zum Anderen gehört.

Im Gewissen drücke ich aus: was ich gut und was ich falsch gemacht habe, mein Ziel und meine Aufgabe, die Hingabe an etwas und die Bedürfnisse des Anderen.

Die Seele erleben wir im Dialog

Goethe formulierte es so: »Was ist erquicklicher als Licht?« – »Das Gespräch.«* Im Dialog mit dem Anderen wird alles lebendig. Philosophen entwickeln ihre Lebensphilosophie im Dialog mit Anderen. Im Dialog bringen wir uns selbst zum Ausdruck und begegnen dem Anderen, wie er sich selbst zum Ausdruck und zur Erscheinung bringt.

Im Dialog werden Werte geschöpft, sowohl im Ökonomischen als auch im Sozialen und Kulturellen. Im Kunden-Lieferanten-Verhältnis findet diese dreifältige Wertschöpfung zunehmend statt. Wir sind darin sowohl Lieferant als auch Kunde des Anderen. Wir machen es uns und dem Anderen möglich, dass etwas vorangeht. Sowohl im intimen Persönlichen als auch auf der großen Weltbühne macht Dialog den Unterschied. Wir können miteinander kämpfen, wir können verhandeln oder wir können gemeinsam überlegen. Das sind drei unterschiedliche Dialoge, die der Seele unterschiedliches Vorgehen abverlangen. Im Kämpfen suchen wir den Sieg, im Verhandeln suchen wir den Vorteil, im gemeinsamen Überlegen suchen wir eine Synergie. Es geht um Interessen: das Eigeninteresse gegen das Interesse des Anderen. Jetzt muss ausbalanciert werden, denn letztlich soll in allen drei Varianten eine neue Balance gefunden werden, wenn wir in unserem Leben weiterkommen wollen.

---

* Johann Wolfgang von Goethe, *Das Märchen von der grünen Schlange und der schönen Lilie*, 1795.

Die Seele erleben wir in der individuellen Seele und in der Gruppenseele

Die individuelle Seele will gern Teil einer gemeinsamen Seele sein, sie will nicht in Einsamkeit erlöschen, sondern von dem Erleben einer Gemeinschaft genährt werden. Seelen wollen zusammenkommen, sie wollen ein Ganzes bilden. Denn im Ursprung war die Seele in die Harmonie des größeren Ganzen eingebettet. Diese selbstverständliche Zugehörigkeit zu einer Gemeinschaft gibt es nicht mehr. Als paradoxes Wesen ist die Seele aus der harmonischen natürlichen Verbundenheit gefallen und muss jetzt aus einem eigenen Bewusstsein Gemeinschaft suchen und selbst bilden. Dazu wird die Seele einerseits durch Sehnsucht und Lust getrieben, andererseits durch Erkenntnis und Einsicht. Diese stehen immer in einem gespannten Verhältnis zueinander. Sex sowie Essen und Trinken spielen eine Hauptrolle bei der Lustbefriedigung innerhalb einer nicht dauerhaften Gemeinschaft. Durch Lernen, Meditieren und Forschen / Experimentieren dagegen können Erkenntnis und Einsicht für eine dauerhafte Gemeinschaft gewonnen werden. Spannend ist die Erfahrung, wie jeder in diese beiden Seelenrichtungen eingebettet ist und damit umgeht. Wir können viel voneinander lernen. Eine Rolle spielen dabei auch Gemeinschaftsregeln und Gebräuche. Und die Art und Weise, wie jeder seinem Leben Form und Inhalt gibt.

Die Seele erleben wir in der Begeisterung für eine Menschheitsmission: Freiheit

Wir erleben die Seele in unserer Begeisterung. Es ist eine Beseeltheit, die ich mit Erfüllung verbinde. Das sind eigentlich sakrale Begriffe. Sie verbinden uns mit dem Höheren, Geistigen, Wesentlichen. Wir machen die Erfahrung, dass das Leben uns zeigt, was wir eigentlich sein und werden wollen. Wenn wir von etwas erfüllt sind und uns begeistern, können wir uns verbunden fühlen mit der wertvollsten Mission der Menschheit: dem Realisieren der Freiheit. Wir werden nicht nur von Zielen angeregt, die sich andere Menschen schon vor uns gestellt haben, sondern wir haben die Freiheit erworben, selbst kreativ und verantwortungsvoll tätig zu sein.

Das Wort Freiheit steht im Mittelpunkt bei vielen unterschiedlichen politischen, religiösen, kulturellen und unternehmerischen Zusammenhängen. Dort erscheint Freiheit allerdings oft als ein Ideal, das in seiner Ausführung die Menschen eher kleinhält als befreit. Entscheidend ist, dass die Freiheit nicht in den Dienst von etwas anderem gestellt wird. Freiheit ist der wesentliche Ausdruck der menschlichen Seele, ein Bewusstseinszustand, in dem wir leben können – und zwar so miteinander leben können, dass es uns gelingt, unsere Mission gern und begeistert zu erfüllen.

Die Seele erleben wir in der Stärkung unseres Denkens, Fühlens und Wollens

Freiheit ist der zentrale und einzigartige menschliche Wert, aus dem wir leben können. Doch ist unser Denken, Fühlen und Wollen nur allzu oft von äußeren Faktoren gelenkt und bestimmt, und wir sind es nicht selbst, die unseren Willen, unsere Gedanken und Meinungen lenken und gestalten. Wir können unser Denken stärken, indem wir üben, uns zu konzentrieren. Dann bleiben wir in unserem Denken auf das fokussiert, was gerade unsere Aufmerksamkeit bekommt. Wir können unser Fühlen stärken, indem wir Positivität üben. Wir versuchen bei allem, was uns begegnet, die positive Qualität zu entdecken und uns bei genauer Wahrnehmung damit zu verbinden. Unseren Willen können wir stärken, wenn wir etwas aus der eigenen Erfahrung berichten, was dem Anderen vielleicht helfen könnte. Diese drei Übungen können wir täglich im praktischen Leben vornehmen. Das stärkt unser Ich, und wir können unser Leben in die Hand nehmen und dieses Leben kreativ gestalten. Die Seele kann jetzt leuchten und von anderen wahrgenommen werden. Dadurch kann eine fruchtbare soziale Atmosphäre entstehen.

Die Seele erleben wir in der menschlichen Schöpfung: der Organisation

Im Laufe der Jahrhunderte sehen wir die menschliche Gemeinschaft entstehen: Alle Lebensprozesse werden nach und nach organisiert, wir erschaffen eine organisierte Gemeinschaft. Sobald wir aus der natürlichen Ordnung herauskommen – was der Mensch fortwährend tut –, ist es uns wichtig, alles unter Kontrolle zu bekommen. Man fragt sich, woher diese unbezwingbare Neigung kommt, diese menschliche Arbeit zu leisten und in diesem so Geschaffenen leben zu wollen. Vielleicht wollen wir unsere Seele entwickeln. Dazu brauchen wir einen Kontext, der ebenfalls von Menschen geschaffen ist. In dem können wir uns in Freiheit entfalten, und das führt zu einem verfeinerten Bewusstsein dafür, wie wir als Menschen auftreten. Wir werden verantwortlich für diese Wirkung. Wir sehen die kreative Wirkung, doch auch die desaströsen Wirkungen auf Kosmos, Natur und Mensch.

In der Organisation, in jeder Organisation, finden wir einen Abdruck aller Dinge, die der Mensch in der Evolution bis jetzt zustande gebracht hat. Sowohl im materiellen als auch im kulturellen Bereich ist die menschliche Schöpfung wahrzunehmen und hat zugleich Einfluss auf die Seele des Menschen. Die menschliche Schöpfung ist vergänglich, sie erscheint und verschwindet. Sie will gepflegt, versorgt werden und sie ist lebendig, wenn wir ihr eine bestimmte Bedeutung geben. Das ist das Charakteristikum der menschlichen Seele. Es ist wichtig, dass die Organisationen, in denen wir arbeiten und leben, ein menschliches Maß, einen menschlichen Rhythmus und ein menschliches Thema haben. Wenn die Prozesse fließen, die Zusammenarbeit gut läuft und wir den Sinn dessen, was wir tun, gemeinsam teilen, kann die Organisation ein lebendiger Organismus mit einem sinnvollen Ziel werden, das der Gemeinschaft dient. So kann das Gute der Natur und des Menschen erhalten bleiben.

Die Seele erleben wir in allem, was besteht und vergeht

Die Natur ist eine Welt des Entstehens, Bestehens und Vergehens, es ist eine zyklische Welt, die sich nach bestimmten Gesetzmäßigkeiten wiederholt. Unser Köper nimmt daran teil. Die Seele macht teilweise mit, entzieht sich dieser Gesetzmäßigkeit aber auch. Das kann sie, weil der menschliche Geist ihr das ermöglicht. Wir leben also einerseits in einer natürlichen Seele, die sich mit der natürlichen Schöpfung mitbewegt, und andererseits leben wir in einer menschlich geschaffenen Seele, die es uns möglich macht, aus Geisteskraft einen eigenen Weg zu gehen. So kann unser Leben hier auf der Erde zu einer Überraschung werden. Wir gehen unbekannte Wege, setzen neue Schritte, lernen aus Erfahrung und lenken unsere Biografie durch die oft heftigen Wogen des Lebens. Es ist eine Lebenskunst, eine Seelenkunst, etwas Sinnvolles entstehen zu lassen, es dann bestehen – und es irgendwann wieder vergehen zu lassen. Das gilt für eine menschliche Initiative, beispielsweise das Schaffen eines neuen Unternehmens, doch auch wenn ein Sportteam aufgebaut, betreut und wieder aufgelöst wird. Diese Kunst können wir voneinander lernen.

Die Seele erleben wir in allem, was sich entwickelt, verändert, erneuert

Die Wirklichkeit verändert sich dauernd, die einzige Konstante ist, so sagt man, die Veränderung. Die Veränderung scheint mit immer größerer Geschwindigkeit auf uns zuzukommen. Der Philosoph Jacques Ellul beschreibt und sieht die Entwicklung der Technologie als primäre, treibende Kraft.* Wenn etwas immer schneller geht, geht etwas anderes immer langsamer, wenn von etwas immer mehr kommt, dann kommt von etwas anderem immer weniger. – Und das ist die paradoxe Art der Seele: Je mehr wir in Aktion sind, desto weniger Zeit haben wir für Reflexion. Je mehr wir das Materielle aufsuchen, desto weniger hat das Geistige eine Chance. Je mehr wir mit uns selbst beschäftigt sind, desto weniger Aufmerksamkeit haben wir für den Anderen. In einer sich beschleunigenden Welt werden wir mit langsamen Fragen konfrontiert. Das sind Fragen, die man nicht so nebenher beantworten kann. Es sind Fragen nach dem Sinn der Dinge, dem Sinn unseres Lebens. In vielen Lebensprozessen können wir vor der Aufgabe stehen, dass wir verlangsamen müssen. Stress, Arbeitsdruck, Belastung, immer mehr Aufgaben, sie besetzen unsere Seele, und diesen Anforderungen können wir nicht mit »noch mehr« begegnen. Denn es geht darum, zu verlangsamen, weniger zu tun, mit mehr Aufmerksamkeit weniger zu tun. In der Verlangsamung merken wir, dass jetzt gerade etwas anderes schneller geht: unser Lernen. Wir kommen zu neuen Erkenntnissen, entwickeln neue Pläne, verändern unser Leben und bekommen mehr Zeit und Raum, unsere Seele zu entwickeln.

---

* Jacques Ellul: *Propaganda: Wie die öffentliche Meinung entsteht und geformt wird.* Westend 2021.

Wie können wir unsere Seele entwickeln?

Wir entwickeln die Seele durch Lernen

Jeder Mensch kann lernen. Wir werden als unvollkommene Seelen geboren und gehen durch einen lebenslangen Prozess des Lernens. Als Kind ist das bereits ein intensiver Vorgang. Wir lernen jeden Tag durch Entdeckungen, Erfahrungen und das Verständnis, das wir dadurch entwickeln. Wenn das Lernen aufhört, dann hört die Seele auf, sich zu entwickeln. Lebenslanges Lernen gehört zu den Dingen, die wir »lernen« können. Und das hängt von der Fähigkeit ab, mit Fragen zu leben. Wenn alles festgelegt ist und alle Antworten bekannt sind, hört das Lernen auf und für Fragen ist kein Raum mehr. Das erleben wir beim Fanatismus, Dogmatismus und Sektierertum. Mit Fragen zu leben, heißt, Dinge zu entdecken, die uns vorher entgangen sind. Wenn die Frage sich ändert, ändert sich auch unsere Wahrnehmung. Wir sehen andere Phänomene. Eine gute Frage zu stellen, öffnet Raum zum Lernen. Wir bringen unsere Meinungen in Bewegung, wir erweitern unsere Fähigkeiten, indem wir bisher unbekannte Dinge tun, Grenzen verschieben. Die dreifaltige Seele entwickelt sich durch Lernen: Erkenntnis und Einsicht werden erworben, Fähigkeiten werden entwickelt, und unsere Haltung gewinnt an Profil. Indem wir forschen, experimentieren, üben, kommen wir weiter und vermögen auf einem Niveau zu handeln, das zuvor unerreichbar erschien.

Wir entwickeln die Seele durch Üben

Um etwas wirklich zu beherrschen, so sagt man, muss man zehntausend Stunden üben. Das gilt für das Ausüben eines Fachs, das

Spielen eines Instruments und die Leistung in einem Spitzensport. Immer geht es um einen Zyklus von Üben, Weiterüben und Feinschleifen bzw. Perfektionieren. Irgendwann wird es Routine und wir beherrschen die Grundbewegungen. Danach machen wir die Routine wieder lebendig und geben ihr eine künstlerische Bedeutung und Qualität. Schließlich bringen wir sie auf das Niveau der Meisterschaft und können anderen diesen Weg zeigen.

Für die Seele wurden spezielle Übungen entwickelt, die ihr zu einem höheren Bewusstsein verhelfen.

Die erste Übung ist konzentriertes Denken. Wir richten unsere Aufmerksamkeit auf einen Gegenstand, u.U. in Gedanken, und beobachten und beschreiben, noch immer in Gedanken, konzentriert diesen Gegenstand. Jeden anderen Gedanken lassen wir nicht zu, halten ihn draußen. Es geht nur um Gedanken, die einen Zusammenhang mit dem Gegenstand haben.

Eine zweite Übung besteht darin, täglich zu einem bestimmten Zeitpunkt etwas eigentlich Unwichtiges zu tun. Das erfordert Wachheit für diesen Augenblick und stärkt den Willen.

Eine dritte Übung ist der tägliche Rückblick. Wir gehen abends den Tag in Gedanken vom Ende bis zum Anfang zurück. Was ist geschehen, was habe ich getan? Das gibt dem Tag Bedeutung und Ordnung und unterstützt die gute Verarbeitung des Tages im Schlaf.

Die vierte Übung besteht darin, Geduld und Positivität in unangenehmen Situationen aufzubringen. Aus schwierigen Situationen etwas Positives zu machen, schenkt unserem Leben Licht und Farbe.

In der fünften Übung geht es darum, dem Anderen aufmerksam zuzuhören und zu entdecken, was der Andere damit wirklich sagen will. Was bewegt diesen Menschen und welcher nächste Schritt könnte für ihn wichtig sein? Durch solche regelmäßigen Übungen werden die »Seelenmuskeln« geübt und wir sind zu mehr fähig.

Wir entwickeln die Seele durch Reflexion

Wenn wir uns angewöhnen, regelmäßig zu reflektieren, allein oder mit Anderen, wird unser inneres Leben allmählich stärker und bewusster. Wir können auf das zurückblicken, was geschehen ist, und unsere Lehren daraus ziehen. Doch wir erlangen sogar noch mehr, und zwar die Heilung unserer Seele. Denn die Seele kann schnell von anderen verletzt werden, und wir können anderen Seelenschmerzen bereiten. Durch Reflektieren werden wir aufmerksam auf das, was guttut, und das, was sich negativ auswirkt. In Teams und Organisationen ist regelmäßiges Reflektieren darüber, wie alles abgelaufen ist und was wir hätten anders machen sollen, heilsam für die Teamentwicklung. Was in allen Aktivitäten vielleicht falsch gelaufen ist, kann durch Reflektieren aufgegriffen und geheilt werden. Dazu gehört ein Dialog, der die Dinge offenlegt und diskutierbar macht, sodass alle Betroffenen die heilsame Wirkung in der eigenen Seele erleben können.

Wir entwickeln die Seele durch Besinnung

Reflexion geht mit Besinnung einher. In der Besinnung suchen wir nach dem Sinn der Dinge, dem Sinn der Ereignisse, dem Sinn unseres Lebens und Arbeitens. Besinnung wird möglich, wenn wir innehalten und uns in das vertiefen, was sich in konkreten Situationen abgespielt hat. Wir versuchen, tiefer in das Geschehene einzudringen und den Sinn darin zu entdecken. Wenn wir diesen Sinn der Dinge erfassen, entsteht die Möglichkeit, sie zu verinnerlichen und zum Teil unseres Lebens, unseres Lebenskapitals zu machen. Das schafft eine Basis für weitere Schritte.

Die Entwicklung der Seele durch unsere Initiative

Die Seele wird nicht nur durch das vorangetrieben, was von uns verlangt wird, sie kann auch zu eigener Initiative übergehen. Wir wollen eine eigene Idee realisieren, mit der wir uns verbunden fühlen, und wollen einen ersten Schritt gehen. Aus eigener Initiativkraft realisieren wir eigene Impulse, die wir in die Welt setzen wollen. Das ist eine besondere Herausforderung für die Seele. Wie finde ich den Weg, mit wem soll ich arbeiten, welches Resultat soll es geben, wie lange wird das dauern, was muss ich dafür mobilisieren, welches ist mein nächster Schritt? Hier wird mein Ich, mein Geist, besonders aktiv. Er nimmt das Steuer in die Hand und weist der Seele die Richtung. Durch solche Initiativen können wir die Seele weiterentwickeln. Wir können eine einfallsreiche Seele erschaffen und etwas Sinnvolles beginnen. Dadurch sehen wir in der Seele Entwicklung und Befriedigung. Wenn unsere Initiative gelingt, können wir zufrieden auf den Prozess und das Resultat blicken und werden dazu angeregt, auf diesem Weg weiterzugehen.

Wir entwickeln die Seele durch unseren Glauben, unsere Hoffnung, unsere Liebe

Die Entwicklung der Seele geschieht nicht von selbst. Dazu gehört die Mobilisierung universeller Kräfte, die der menschlichen Seele zur Verfügung gestellt worden sind. Zuerst die Kraft des Glaubens. Der Glaube versetzt Berge und tut Wunder. Wir sind tief verbunden mit dem, was wir glauben, und so wird der Glaube eine Kraft im Prozess des Realisierens. Ich glaube an das, was ich unternehme, ich glaube an den Sinn meiner Initiative, ich glaube an die Menschen, die mich unterstützen.

Die Hoffnung, die wir haben, bringt uns weiter. Wir hoffen auf ein gutes Resultat, einen guten Prozess. Die Hoffnung öffnet die Tür für das Neue. Unsere Hoffnung auf Besserung, Veränderung, Erneuerung schenkt uns die Kraft, dass sich dies auch manifestieren wird. Denn durch unseren Glauben und unsere Hoffnung können sich geistige Kräfte mit unserem Streben verbinden.

Damit alles gelingen kann, brauchen wir zudem noch Liebeskräfte. Die Liebe zur Sache, zum Anderen, zu uns selbst, zu den mitwirkenden geistigen Kräften, bewirkt, dass Licht und Wärme in den Prozess kommen. Dieses Licht und diese Wärme lassen unser Unternehmen dann aufblühen.

Wir entwickeln die Seele durch den Anderen

Die Entwicklung der Seele geschieht nicht nur durch unser eigenes Bemühen, sondern vollzieht sich im Dialog mit dem Anderen. In dem Anderen begegnen wir unserem eigenen Schicksal. Entweder haben wir noch etwas miteinander abzuarbeiten oder wir machen uns, neugierig, zum ersten Mal zusammen auf den Weg. In dem Anderen finden wir den Geistesbruder, Schicksalsbruder und Arbeitskollegen. Wir teilen ein Ideal, eine Begeisterung, wir verbinden uns miteinander und bringen so synergetische Kraft herein, wir gehen gemeinsam an die Arbeit und schaffen neue Wirklichkeiten. Gemeinsam mit dem Anderen dienen wir dem Dritten, der an uns herantritt. Das schafft Gemeinschaft und bietet uns eine Stütze für unser eigenes Leben und Wirken.

3. Vertraut werden mit der Seele

Vielleicht ist die Seele uns so nahe, dass wir sie kaum wahrnehmen und als solche erleben können. Es spukt alles Mögliche in uns herum und wir fragen uns vielleicht, woher das alles kommt. Es bedarf einer großen Anstrengung unseres eigenen Ich, um mit unserer Seele vertraut zu werden. Dazu kann man viele Wege nennen und beschreiben. Im Grunde kommen alle diese Wege in unserer Biografie zusammen: unserer Lebensgeschichte. Menschliche Biografien haben gemeinsame Charakteristika, doch sind sie zugleich einmalige, unvorhersehbare Lebensgeschichten.

Wie werden wir vertraut mit unserer inneren Seele?

Die Biografie, die wir leben, macht uns vertraut mit der Seele

Die Biografie, die wir leben, ist ein exakter Spiegel unserer Seele, in ihr kommen äußere und innere Welten zusammen. Durch Biografieforschung können wir die tieferliegenden Muster und Spuren in unserer Biografie entdecken. Ein roter Faden läuft durch unser Leben, vielleicht sogar mehrere rote Fäden. Themen und Probleme wiederholen sich, wir erleben Krisen und Veränderung.

Im Laufe der Biografie baut sich Seelensubstanz auf. Wir werden vertrauter mit uns selbst und mit der Welt, in der wir leben. Schließlich ist es unsere ganz eigene Persönlichkeit, die als Seele unseren

Geist ausstrahlt. In unserer Biografie kombinieren wir erbliche und erlernte Qualitäten, die das Kapital unseres Lebens sind, in dem wir arbeiten und wirken. In unserer Biografie kombinieren wir allgemeinmenschliche Eigenschaften mit spezifischen Eigenschaften. Als mehrfache Seelenwesen werden wir zu einer Mischung aus Seelenströmungen, und unser Ich kann sich daraus erheben und die Früchte unserer Seelenarbeit ernten.

Lebensphasen und Lebenskrisen

Wir gehen in unserer Biografie durch Lebensphasen und Lebenskrisen. Die natürliche Seele manifestiert sich in den natürlichen Phasen der Biografie. Wir erleben die Pubertät, die Periode des jungen Erwachsenen, des gefestigten Erwachsenen und des älteren und alten Menschen. Der Übergang zwischen den Phasen ist gekennzeichnet durch Krisen. Irgendetwas formt sich um, und die Frage ist immer, ob wir daran mitarbeiten wollen. Jede Lebensphase hat ihre eigenen Charakteristika, die der Mensch dann in vielfältigen Erscheinungsformen durchlebt. Jede Krise hat ihre eigenen Merkmale und Fragestellungen. Wer bin ich, warum mache ich diese Arbeit, was bindet mich an diese Beziehung, wie erziehe ich meine Kinder?

Krisen, die nicht durchgemacht werden, oder Krisen, die nicht angenommen werden, kehren später in der Biografie zurück und wollen beachtet werden. Irgendwo in der Mitte des Lebens gibt es einen Wendepunkt. Das Leben nach diesem Punkt spiegelt das Leben vor diesem Punkt. Daher ist es auffallend, dass bei älteren Menschen immer mehr die frühesten Erinnerungen heraufkommen und die jüngste Vergangenheit vergessen wird.

Durch Lernen und Beobachten

Durch Lernen und Beobachten können wir mit unserer Seele vertraut werden. Indem wir lernen, kommen wir zu Erkenntnis und entdecken Quellen, die Fragen beleuchten, mit denen wir uns beschäftigen.

Durch unsere Wahrnehmung sind wir mit aktuellen Ereignissen verbunden, vor allem, wenn wir mehrere Sinne einbeziehen. Was die Sinne uns anbieten, wird von der Seele verarbeitet und für unser Leben fruchtbar gemacht. Da wir mehrere Sinne mit jeweils unterschiedlichen Eigenschaften haben, bekommen wir ein nuanciertes Bild dessen, was sich abspielt und vor uns erscheint. Tasten, Schmecken, Riechen, Sehen und Hören sind Sinnesprozesse, die uns der jeweiligen Situation näherbringen. Lebenssinn, Eigenbewegungssinn und Gleichgewichtssinn lassen uns im praktischen Leben ausgewogen agieren. Der Wort- oder Sprachsinn gibt uns die Möglichkeit, uns auszudrücken und uns verständlich zu machen. Mit dem Ich-Sinn steuern wir den ganzen Prozess des Wahrnehmens. Diese Sinne – neben den zehn hier genannten noch zwei weitere (Wärmesinn und Gedankensinn) – kann man als die Tore der Seele bezeichnen (Soesman).*

Indem wir die Wirkungen unseres Handelns sehen und empfinden

Die Seele offenbart sich als unsere innere Welt. Teil dieser inneren Welt sind unsere Motive, Intentionen, Erfahrungen, Absichten. Wir vertrauen diesen Seelenkräften, wenn wir unser Leben gestalten. Sie kommen im Wechselspiel mit anderen zur Wirkung. Wir

---

* Albert Soesman: *Die zwölf Sinne – Tore der Seele*, Übers. von Marianne Holberg. Verlag Freies Geistesleben, Stuttgart 2007.

können es jedoch noch so gut meinen, die Wirkung kann ganz anders sein als das, was wir beabsichtigt haben. Wenn wir bereit sind, die Wirkung unseres Handelns auf andere wahrzunehmen, können wir unser Seelenleben korrigieren. Vielleicht treibt uns eine bestimmte Meinung zu einem Handeln an, das aber nicht adäquat ist. Wenn wir die Wirkung sehen, können wir einen kritischen Blick auf diese Auffassung werfen und sie ändern.

Durch Meditation und Beten

Seit alten Zeiten gibt es zwei Wege, die Seele an die geistige Welt anzuschließen. Durch Meditation können wir das Körperliche überwinden und bewusst in die Welt des Geistes gehen. Zuerst müssen wir versuchen, alle herumschwirrenden Gedanken und Gefühle einmal beiseitezulassen und uns vollkommen auf ein spirituelles Bild zu konzentrieren. Wir erschaffen dieses Bild in uns, beispielsweise einen schwarzen Kranz mit roten Rosen. Danach lassen wir das Bild los und horchen darauf, was in uns mitschwingt. Wir empfangen vielleicht Antworten aus der geistigen Welt, die uns helfen, den Sinn in unserem Leben zu sehen und zu verstehen. Das empfangen wir dankbar, nehmen in aller Ruhe Abschied und kehren ins irdische Leben zurück.

Nicht nur Meditieren, auch Beten bringt uns in Kontakt mit der geistigen Welt. Wir können beispielsweise regelmäßig das *Vaterunser* oder *Gegrüßet seist du Maria* beten, und das tun wir für uns selbst, aber noch mehr für einen anderen Menschen, der diese Kraft braucht.

Jedes Gebet – vor dem Essen, vor dem Einschlafen, beim Aufwachen – bringt uns in Kontakt mit dem Wesentlichen, und so können wir den Tag, verbunden mit dem Wesentlichen, verbringen.

Indem wir aufschreiben und festlegen

Eine besondere Art, mit unserer Seele vertraut zu werden, gelingt uns, wenn wir systematisch alles aufschreiben, was uns geschieht und was wir erleben. Denn dabei halten wir unsere Gedanken fest, unsere Erkenntnisse, unsere nächsten Schritte. So entsteht ein fortlaufendes Bild unserer Seele. Auch wenn wir regelmäßig fotografieren, musizieren, tanzen oder uns auf andere Weise ausdrücken, ist das fruchtbar. Wir können unser Leben in Gedichten oder Bildern festhalten. Wir können erkennen, wie individuell jeder in seinem Aufgeschriebenen sichtbar wird. Auch zum Beruf gehört oft Festhalten und Dokumentieren. Zuerst, indem man Aufzeichnungen macht, sie wieder verwirft, umarbeitet zu Texten und diese bündelt. So schaffen wir ein Kulturgut, das die Entwicklung der menschlichen Seele zeigt. Solche Texte und Bilder erhalten sich jahrelang und geben der Seele eine Orientierung.

Durch Dienst am Anderen

Der Andere ist der Spiegel meiner Seele und ich bin Spiegel der Seele des Anderen. Wenn ich dem Anderen zuliebe eine Arbeit mache, schaffe ich mir damit eine eigene Zukunft. Die Seele ist nämlich im Grunde sehr treu, und wenn uns ein anderer hilft, so schreibt sich das ins Schicksal des Menschen ein. Eine gute Tat schafft mir Zukunft. Wenn ich egoistisch alles für mich selbst tue, opfere ich damit eine sinnvolle Zukunft. Die Seele verdorrt, sie lebt in einem kleinen Kreis des Eigeninteresses, und das führt allmählich zu einer Art Implosion. Man wird immer unansehnlicher und andere ziehen sich von einem zurück.

Hier ist der Andere mein Lehrmeister. Gerade im Anderen kann ich für mich selbst neue Impulse entdecken. Und die Unterschiede, die ich zwischen mir und dem Anderen entdecke, schaffen mir neue Möglichkeiten für ein neues synergetisches Resultat. Irgendwie müssen wir von dem gebahnten Weg wegkommen und in einem unbekannten Terrain arbeiten. Dann haben wir die Möglichkeit zu neuen Perspektiven und neuen Erfahrungen und letztlich zu neuen Erkenntnissen.

Wie gehen wir gesund mit unserer äußeren Seele um?

Indem wir unseren Körper gut versorgen

Wir haben von unseren Eltern einen Körper mitbekommen, den wir gut pflegen und versorgen müssen. Der Körper ist eine fantastische Zusammensetzung, in der alle Teile miteinander in Verbindung stehen. Jeder Körper ist ganz eigen und erfordert einen eigenen Umgang. Wir wollen unseren Körper gern verschönern, unser Aussehen leuchten lassen. Es kommt darauf an, den Körper gut zu versorgen. Das tun wir:

Indem wir gesund atmen und gesund essen

Das Atmen war schon immer das Kernstück unseres Körpers. Damit ernähren wir das Blut mit Sauerstoff. Herz und Lunge haben eine zentrale Funktion im Körper. Sie versorgen die rhythmische Strömung durch den Körper, worin die menschliche Seele leben und sich entwickeln kann. Daneben sind die inneren Organe wie Darm, Leber, Nieren vor allem für die Verarbeitung guter Nahrung wichtig.

Das gibt uns die Lebensenergie, die wir brauchen, um all unsere Aufgaben erfüllen zu können.

Indem wir uns verbinden und uns rechtzeitig lösen

Den Körper als lebenden Organismus halten wir gesund, indem wir uns rechtzeitig mit dem verbinden, was uns nährt, und rechtzeitig von dem lösen, was uns aushungert. Wir können unserem Körper trauen und merken, was dem Körper guttut und was nicht. So müssen wir die Nahrung, die wir zu uns nehmen, daraufhin beurteilen, wie sie vom Körper verarbeitet wird. Die Verdauung ist wichtig und wir können sie beobachten. Es gibt unzählige äußere Einflüsse auf den Körper, die wir verarbeiten müssen. Unsere eigene Urteilsfähigkeit muss herausfinden, womit wir uns verbinden können und was wir schnell wieder loslassen sollten. Da gibt es soziale Einflüsse, die wir aufnehmen und integrieren, und andere Einflüsse, die wir aushungern und abstoßen müssen.

Indem wir unsere Seele durch die Art unseres Auftretens zeigen

Der Seele liegt daran, richtig auftreten zu können und wiederum richtig verschwinden zu können. Es gibt Augenblicke, in denen wir als Seele auftreten müssen, und es gibt Augenblicke, in denen wir uns als Seele zurückziehen müssen. Unsere Entscheidung, wann wir uns zeigen und wann wir uns zurückziehen, bestimmt das Wohlbefinden von Körper und Seele.

Durch das Gespräch

Gerade durch das gute Gespräch mit dem Anderen werden Körper und Seele aktiviert. Es entsteht eine Strömung zwischen zwei oder mehr Menschen, die uns als ganzen Menschen berührt. In einem guten Gespräch wird alles aktiviert. Wir atmen, haben Energie, verarbeiten, lassen uns durchströmen und kommen beim Anderen und bei uns selbst an. Wir verbinden uns und lösen uns auch wieder. Es ist wie ein Prozess von gutem Wach-sein und Schlafen, wach dabei sein und ab und zu auch wieder Abstand nehmen.

Indem wir uns künstlerisch betätigen

Ganz besonders können wir Körper und Seele in ein gesundes Verhältnis zueinander bringen, wenn wir uns künstlerisch betätigen. Durch Musizieren, Malen, Bildhauern, Gedichteschreiben geben wir Körper und Seele Anreize und lassen Inspiration durch uns fließen. Wir drücken aus und nehmen wahr. Herz und Hand und Kopf befinden sich in einem wunderbaren Zusammenspiel, und das Ich des Menschen kann den Prozess bewusst lenken.

Indem wir das richtige Verhältnis finden: »Goldener Schnitt«

Es geht also darum, den Goldenen Schnitt zu finden, das richtige Verhältnis. Oft sind wir nicht im Gleichgewicht, stagnieren, sind frustriert. Doch manchmal gibt es Momente, in denen alles fließt, alles einen Sinn hat, vorangeht. Hier spielt das Zuviel oder Zuwenig eine Rolle. Unser Ich, unser Geist kann hier Regie führen und gegensteuern gegen alles, was die Seele besetzen und beherrschen will. Der gesunde Körper ist abhängig von unserer gesunden Seele.

Wenn die Seele nicht in Balance ist, kommt allmählich auch der Körper aus dem Gleichgewicht und wird krank.

Das Erleben der Seele

Der Unterschied zwischen langweilig und inspirierend

Die Qualität unseres Lebens können wir als Seelenpolaritäten ausdrücken. Zunächst gibt es den Unterschied zwischen langweilig und inspirierend. Bei einem langweiligen Leben befinden wir uns am Rande, sind nicht mit der Quelle verbunden. Ist das Leben inspiriert, befinden wir uns mitten darin und schöpfen aus der Quelle.

Der Unterschied zwischen gut und schlecht

Unser Leben kann gut verlaufen oder schlecht. Wir können das Gute tun oder das Schlechte. Wir haben immer die Wahl, und wir folgen darin unseren Impulsen. Wir beobachten die Wirkungen unseres Handelns: Sind sie gut oder schlecht? Vom schlechten Handeln können wir lernen, das Gute können wir genießen.

Der Unterschied zwischen schön und hässlich

Wir können etwas Schönes daraus machen, wir können es auch hässlich machen. Der Geschmack ist ein echter Seelen-Bestimmer. Richten wir unser Leben mit Geschmack ein, oder ist es uns nicht wichtig, wie wir es gestalten?

Die geschlossene und die offene Seele

Die Seele kann sich schließen, die Seele kann sich öffnen. Im Schließen stirbt die Seele ab, im Öffnen tankt die Seele auf. Die geschlossene Seele verschließt sich, die geöffnete Seele nimmt in sich auf. In einem Rhythmus von Sich-Öffnen und Sich-Schließen kann die Seele zu einem Atmen, zu einem Geboren-Werden kommen und ein bisschen absterben.

Die Seele, die sich dem Anderen zuwendet oder sich von ihm abwendet

Die Seele kann sich zuwenden und sich abwenden. Wir können uns um jemanden kümmern, aufmerksam sein, hilfsbereit sein, uns dem Anderen zuwenden. Wir können uns aber auch abwenden von dem Anderen, Abschied nehmen, ihn stehen lassen, fortgehen, aufgeben. Es ist ein Hin und Her zwischen beidem. Zu viel von dem einen oder anderen führt zu einem Ungleichgewicht im Leben.

Die Seele, die gefesselt ist, oder sich von ihren Fesseln befreit

Die Seele kann gefesselt sein, sie kann sich aber auch von ihren Fesseln befreien. Unsere Herkunft kann uns fesseln, unsere Vorurteile können uns fesseln, unsere Abneigung kann uns fesseln. Die Seele kann sich von ihren Fesseln befreien, wenn sie fähig ist, Führung in ihrem eigenen Leben zu zeigen. Wir müssen uns diesen Fesseln stellen, sie prüfen, durchbrechen und – aus dem Willen, uns zu entwickeln – uns jetzt verändern und erneuern. Dazu gehört eine Schulung der Seele.

4. Unsere eigene Seelenschöpfung

Wir sind nicht nur eine natürliche Seele, sondern zugleich auch eine organisierte Seele. Wir umgeben uns mit menschlichen Werken, alle Lebensprozesse, alle Seelenäußerungen zeigen sich in organisierten Zusammenhängen. Die Organisation ist die prägnanteste menschliche Seelenschöpfung, die sich im Laufe der Zeit manifestiert. Sie hat uns viel Gutes, aber auch viele Probleme gebracht.

Die Organisation als Erscheinung unserer Seele

Die natürliche Seele und die organisierte Seele

Geboren werden wir als natürliches Seelenwesen. Zum Glück, denn andernfalls hätten wir kein Leben in uns. Wie auch die ganze Natur und der Kosmos eine natürliche Seele haben und dadurch miteinander verbunden sind, so auch der Mensch. Die natürliche menschliche Seele durchzieht den menschlichen Körper und sorgt dafür, dass wir leben und uns bewegen können. Das Besondere der menschlichen Seele besteht darin, dass sie – im Gegensatz zu allen anderen natürlichen Wesen – unvollständig ist, unvollendet, wenn der Mensch geboren wird. Denn der Mensch hat die Verantwortung bekommen, seine Seele zu vervollständigen und dazu einen Entwicklungsprozess zu durchlaufen. Dieser Prozess basiert auf dem einmaligen Wert: Freiheit. Um diese Entwicklung der Seele möglich zu machen, hat der Mensch die Seelenfähigkeiten Denken, Fühlen und Wollen zur Verfügung. Mit diesen Fähigkeiten kann der Mensch beginnen, sich zu entwickeln. Er entwickelt eine organisierte Seele, indem er erschafft und sich etwas ausdenkt. Das manifestiert sich in unserer organisierten Welt. Alle menschlichen Lebensprozesse vollziehen sich in organisierten Kontexten, und damit unterscheidet der Mensch sich von anderen Wesen, denen es bestimmt ist, in dem einmal gegebenen natürlichen Kontext zu leben.

Die göttliche Schöpfung und die menschliche Schöpfung

Wir kommen in der Welt an und erleben zuerst die göttliche Schöpfung. Alles arbeitet und funktioniert, ohne dass wir zunächst einen schöpferischen Anteil daran haben. In unserem Körper und in unserer Seele vollziehen sich natürliche Prozesse. Wir lernen atmen und verdauen, und allmählich richten wir uns auf und lernen laufen und denken. Gefühle entstehen in uns, und wir kommen zu unseren ersten Taten, Handlungen. Damit beginnt die menschliche Schöpfung. In dieser menschlichen Schöpfung machen wir Gebrauch von den natürlichen Kräften, stellen sie jedoch in unseren Dienst. Wir entwickeln unsere eigenen Vorstellungen, wir haben Wahrnehmungen und Erfahrungen, wir entwickeln Motive und Impulse, wir verrichten Taten, die Auswirkungen haben. Die menschliche Schöpfung hat einen anderen Charakter als die natürliche Schöpfung. Sie hat keine Haltbarkeit, wenn wir sie nicht dauernd weiterpflegen und versorgen, und sie hat keine Bedeutung außer der, die wir ihr geben. Es bedeutet also eine große menschliche Anstrengung, die eigene Schöpfung am Leben zu erhalten, und so sehen wir unsere Schöpfungen auch in jeder Hinsicht im Laufe der Zeit wieder dahinschwinden.

Die Welt des Seins und die Welt des Werdens

Es ist so, dass wir in zwei Welten leben: in einer Welt des Seins und in einer Welt des Werdens. In der Welt des Seins existiert absolute Evidenz, alles kommt immer wieder auf denselben Punkt zurück, und dort wird das entwickelt, was in der natürlichen Bestimmung veranlagt ist. Alles andere wird abgestoßen. In der Welt des Werdens, der Welt unserer Seele, erscheinen und verschwinden die Dinge, je nachdem, wie wir sie entstehen und vergehen lassen. Darin entwickeln sich die menschlichen Seelenfähigkeiten. Wir erhalten ein immer vielseitigeres Seelenleben, und das gibt dem Menschen eine immer größere Verantwortung für das eigene Leben und auch für das anderer. Die Seele jedes Menschen kann darin wachsen und vergehen. Es sind die wertvollen Früchte der Seelenentwicklung, die sich in den menschlichen Geist, das eigene Ich, integrieren können. Wir gehen aus der Welt des Werdens in die Welt des Seins, wenn wir schlafen und reflektieren, uns besinnen. Dann machen wir uns die Wirkungen unserer Taten bewusster und entwickeln neue oder erneuerte Absichten, die wiederum unser Tun unterstützen. Wenn wir wach und aktiv sind, geschieht dies in senkrechter, aufrechter Haltung. Wenn wir schlafen und uns besinnen, geschieht dies im Liegen, in horizontaler Haltung. Im Wachen treten wir ein in unseren Körper, im Schlafen verlassen wir unseren Körper. Wir sind dann in einer Welt der Träume und verarbeiten unsere Erfahrungen im Licht eines geistigen Raums, in dem wir dann leben. So bewegen wir uns in einem Zyklus, in dem die Seele sich entwickeln kann. Indem wir mit unserem Ich bewusst dorthin steuern und unsere Seele schulen, entwickeln wir uns weiter und unser Ich wird gestärkt. Wir erfüllen den Sinn unseres Lebens im Hier und Jetzt, in der Welt.

Da die Seele nicht ausschließlich in der Welt des Seins lebt, sondern ihr ein Werden zugefügt ist, erscheint die Seele mehrfaltig. Die charakteristische Mehrfaltigkeit der Seele ist die Dreifaltigkeit. Als paradoxes Wesen erscheint sie in Polaritäten. Nicht nur als Denken, Fühlen und Wollen, sondern in vielen Varianten, von denen einige jetzt beschrieben werden.

Die Seele erscheint in der Dreifaltigkeit: Ursprung – Hier-und-Jetzt – Zukunft. Woher kommt es, wie erscheint es hier und jetzt, wohin geht es?

Die Seele erscheint in der Dreifaltigkeit: Aufmerksamkeit – Verbindung – Vertrauen. Wir sind auf etwas aufmerksam – es entsteht Verbindung – das schenkt uns Vertrauen.

Eine dritte Dreifaltigkeit ist: ankommen – sich bewegen – sich ändern. Wir fügen uns zuerst in das Bestehende – wir kommen in Bewegung – wir ändern uns.

Diese Dreifaltigkeit der Seele spiegelt sich in der Dreifaltigkeit der Organisation als lebender Organismus.

Beispielsweise in der Dreifaltigkeit: Struktur – Kontext – Kultur. Die Organisation nimmt eine bestimmte Form an – die Organisation funktioniert in einem bestimmten Kontext – die Organisation hat eine bestimmte Kultur.

Eine weitere Dreifaltigkeit: Prozess – Dialog – Biografie. Die Organisation ist eine Gesamtheit von Prozessen – sie funktioniert im Dialog – sie schreibt eine eigene Biografie.

Eine dritte Dreifaltigkeit ist: Mission – Strategie – Zielsetzung. Die Organisation hat eine bestimmte Mission – sie verfolgt eine bestimmte Strategie – sie realisiert ein bestimmtes Ziel.

Eine vierte Dreifaltigkeit: Pionierphase – Differenzierungsphase – Integrierungsphase. Die Organisation entsteht aus einem Unternehmensimpuls – sie strukturiert sich, indem sie wächst – sie sucht eine fruchtbare Integration in ihre Umgebung.

Das Versorgen und Sinngeben

Die Organisation als Erscheinung der menschlichen Seele muss ständig gepflegt und versorgt werden. Ebenso schnell, wie sie erschaffen wurde, vergeht sie auch, wenn wir sie nicht versorgen. Darin erkennen wir drei Ebenen. Die erste Ebene ist die tägliche Versorgung, das ist bereits ein großer Teil der Arbeit: E-Mails erledigen, Konferenzen abhalten, zu Kunden fahren, Administration erledigen, Transporte regeln usw. Eine zweite Ebene ist das Lösen von Problemen. Wir werden vor Probleme gestellt und suchen nach einer Lösung. Eine Lösung zu finden, erfordert viel Sachverständnis. Eine dritte Ebene ist das Verändern. Wir sind es selbst, die nicht adäquat zu handeln wissen, und deshalb ist eine Änderung nötig. Wir suchen neue Wege und entwickeln neue Ansichten für die Richtung unseres Handelns.

Auf allen drei Ebenen spielt die Sinngebung eine Rolle. Wie wollen wir dies tun und warum sollten wir dies tun wollen? Hier müssen wir uns der vorher gestellten Frage nach dem Wert widmen. Durch welche Werte lassen wir uns bei diesem Bemühen lenken?

Bei der täglichen Versorgung kann Routine entstehen. Der eigentliche Sinn vertrocknet, wenn wir ihn uns nicht immer wieder bewusstmachen. Bei der Problemlösung wird ausdrücklich nach dem Sinn gesucht, durch den wir zu einer angemessenen Lösung kommen. Beim Verändern steht die Suche nach dem Sinn an erster Stelle und die Sinnfrage begleitet uns während des ganzen Prozesses.

Das organisierte Leben, leben in Organisationskontexten

Die menschliche Seele hat sich im Laufe der Jahrhunderte mit einem organisierten Leben vertraut gemacht. Alle Lebensprozesse vollziehen sich gegenwärtig in organisierten Kontexten, in die wir von der Geburt bis zum Tod eingebettet sind. Damit wird intensiv an unser inneres Leben appelliert. Täglich werden wir herausgefordert, dieses eigene Leben zu gestalten und ihm einen Sinn zu geben. Das bedeutet Führung unserer eigenen Biografie. Nun sind wir in diesem organisierten Leben nicht nur auf uns selbst angewiesen, sondern ebenso sehr auf andere. Dabei erleben wir zunehmend die Spannung zwischen unserem eigenen Streben und der Abhängigkeit von anderen. Einerseits gibt es immer mehr Autonomie, andererseits die umfassende Abhängigkeit von anderen. Eigene Entwicklung im Verhältnis zur Entwicklung des Anderen, Authentizität und Solidarität in ein gesundes Verhältnis zu bringen, ist eine Aufgabe für unsere Seele. Das Ich spielt auch hier wieder seine lenkende Rolle.

Begeisterung als Prozess der Sinngebung

Der eigene Impuls und die eigene Leidenschaft

Wie bereits dargestellt, offenbart sich die Seele auch in ihrer Beseeltheit. So können wir von einem beseelten Menschen sprechen, einer beseelten Situation, einem beseelten Vorgang. Was meinen wir damit? Vor allem ist »beseelt« etwas, das voller Leben ist. Und wenn der menschliche Geist beseelt ist, kommt auch das eigene Ich zum Vorschein. Dann sind wir ganz anwesend und erscheinen als Person. Wenn wir mit Dingen beschäftigt sind, die uns dazu motivieren, unser Bestes zu geben, kann sich ein Prozess entwickeln. Beseelt wird etwas, wenn wir unseren eigenen Impuls und unsere Begeisterung für etwas einsetzen, das uns beschäftigt. Am besten gelingt das im Dialog, wenn andere ebenso kraftvoll mit ihrem Impuls und ihrer Begeisterung dabei sind. Wir erleben, dass wir von dem erfüllt sind, was uns beschäftigt, und dass wir einen Sinn in dem erleben, was wir tun, und in dem, was wir zustande bringen wollen.

Die schöpferische Fähigkeit

Wir sind nicht nur konsumierende Wesen, sondern auch schöpferische Menschen. Wir sind mit Fähigkeiten ausgestattet, und diese Fähigkeiten können wir weiterentwickeln und damit zu etwas beitragen, was noch nicht ist und nie war. Wir haben die Fähigkeit, zu verändern und zu erneuern, die Fähigkeit, zu verbessern und zu lernen. Das ist das ganz Besondere, und die Seele kann sich darin in dieser Besonderheit zeigen. Gerade in dieser schöpferischen Fähigkeit kann sich das Beste des Menschen äußern. Doch auch die dunkle Seite der Seele kann hier ausgelebt werden. Es geht hier um Arbeit, die guttut und Gutes tut, und über die man sich freuen kann. Damit tragen wir als Mensch eine moralische Verantwortung. Wir sind immer dazu aufgerufen, uns selbst einzubringen und das Beste dessen, was wir repräsentieren, zur Verfügung zu stellen. Mittelmäßigkeit ist hier nicht genug, Lahmheit, Laschheit sollten wir uns nicht erlauben. Denn dadurch bleibt die menschliche Schöpfung weit unter ihren Möglichkeiten und fügt uns als Menschen Schaden zu.

Das Öffnen und Abstoßen

Die Seele als beseeltes Wesen befindet sich in einem andauernden Prozess des Aufnehmens und Abstoßens. Vieles kommt auf uns zu und will aufgenommen werden. Ein Strom von Informationen, von Wünschen anderer, von Herausforderungen und Aufgaben, und wir strengen uns gewaltig an, dies alles zu verarbeiten und ihm einen Platz in unserem Leben zu geben. Es kann zu einer Überfülle anwachsen, unsere Seele besetzen und sie dazu bringen, etwas von sich abzustoßen. Fortwährend müssen wir beurteilen, ob etwas zu uns oder zum Anderen gehört. Oft kommt es zwischenmenschlich zu Verwicklungen, weil dieser Unterschied nicht mehr klar ist. Die Seele muss jetzt einen Prozess des Sanierens, Reinigens, Ordnens durchlaufen. Das kann ein schmerzhafter Prozess sein, der allerdings oft notwendig ist. Hiermit befassen sich viele Therapeuten, doch auch das reflektierende Gespräch mit einem vertrauten Menschen kann dabei helfen, die Dinge zu ordnen.

Das Einschließen und das Ausschließen

Eine gewisse Geste der Seele ist das Einschließen sowie das Ausschließen. Oft kommt so vieles auf uns zu, und immer ist die Frage, ob ich das einschließen oder ausschließen soll. Dazu hat die Seele einen wichtigen Mechanismus entwickelt, nämlich die Frage: Hat dies etwas mit mir zu tun oder nicht? Hier begegnen wir dem lenkenden Prinzip unseres eigenen Ich. Einschließen ist die Gebärde, sich etwas zu eigen zu machen, Ausschließen ist die Gebärde, es bei dem Anderen zu lassen. Es ist eine Seelenkunst, mit dieser Differenzierung richtig umzugehen. Darin kann die Seele sich schulen. Natürlich gibt es oft Zweifelsfälle, und wir zögern, zu urteilen. Dann ist es gut, es erst einmal ruhen zu lassen, beiseitezulegen oder es vielleicht auszuschließen. Also: Eile mit Weile. Gerade eine gewisse Verzögerung kann helfen, zu einem richtigen Urteil zu kommen, was man zulassen und was man abweisen kann.

Selbst lenken oder gelenkt werden

Eine andere bestimmte Geste der Seele ist, sich selbst zu lenken oder gelenkt zu werden. Wann nehme ich etwas selbst in die Hand, und wann überlasse ich es einem anderen. Hier spielt der Eigennutz eine große Rolle. In unserem natürlichen Leben überlassen wir zu Anfang vieles anderen, etwa unseren Eltern. Allmählich nehmen wir das Ruder selbst in die Hand. Ich will mein Leben selbst bestimmen, mich selbst entscheiden. Wenn wir mehr und mehr im organisierten Leben landen, wird der Unterschied deutlich. Bei der Wahl, die ich beispielsweise für meinen Beruf treffe, ist dieses Sichselbst-Lenken bedeutsam. Von welchen Gedanken lasse ich mich dabei leiten, was ist mein entscheidendes Prinzip bei dieser Entscheidung? Ich bin auch an den Prozessen beteiligt, die der Andere selber lenkt. Und auch jetzt bleibt noch die Frage, ob ich mich dabei ganz einfüge in die Erwartungen des Anderen, oder ob ich selbst am Steuer bleibe, wenn es um meinen Beitrag geht. Die Seele empfindet sehr fein: Wann wende ich mich dem Anderen zu? Wann bleibe ich nur bei mir?

Das ist ein Atmungsprozess im Zusammen-Leben und -Arbeiten. Anderen etwas zu überlassen, gibt der eigenen Seele Raum. Verantwortung zu übernehmen, gibt der Seele eine Richtung.

Selbst einen Sinn geben oder sich einfügen in einen bereits gegebenen Sinn

Wenn es um den Sinn meines Lebens geht, ist die Frage, ob ich diesen Sinn selbst erschaffe oder mich einfüge in den Sinn, den andere gegeben haben. Das gilt ganz besonders für den Glauben. Lass ich mich von anderen führen, die mir sagen, was man zu glauben hat, oder suche ich selbst den eigenen Glauben. In einem religiösen Kontext, im kirchlichen Leben, hört diese Frage nie auf. Wir wissen, dass uns ein starker Glaube bei Lebensentscheidungen stützen und uns in glücklichen und unglücklichen Situationen helfen kann. Der Glaube ist eine sinngebende Kraft, erfordert allerdings eigenes Bemühen, im Glauben bis in die Tiefe zu dringen und eigene Erfahrungen ernst zu nehmen. Die Seele ist schnell dazu zu verführen, sich an eine Überzeugung zu klammern und diese dann in diversen Situationen eine Rolle spielen zu lassen. Doch ist der Seele mehr damit gedient, zu suchen, abzutasten, zu reflektieren und nachzudenken oder aufnahmebereit zu forschen. So kommen wir schließlich in sinngebende Dimensionen in unserem Leben, die einen bleibenden Charakter haben und uns dabei unterstützen, unseren Weg im Leben zu finden.

Inspiration als lebendige Kraft für das Weiterleben und die Entwicklung

Wenn wir lebende Organismen unter dem Gesichtspunkt betrachten, wie sie sich entwickeln und fortbestehen, können wir wahrnehmen, dass Inspiration eine große Rolle spielt. Ohne Inspiration läuft alles ins Leere. Mit Inspiration bekommen wir wieder Mut, weiterzumachen und einen Schritt vor den anderen zu setzen. Wenn wir von einer leitenden Idee, einer Sehnsucht, einem Impuls und einem Bestreben inspiriert sind, werden wir unseren Weg, unser Leben weitergestalten. Andererseits können wir uns auf unserem Weg festfahren, wenn wir nicht inspiriert sind. Wir lassen locker und fallen zurück in alte Gewohnheiten. Wenn die Seele sich entwickeln soll, brauchen wir Inspiration aus einem Quell, mit dem wir verbunden sind, den wir aber auch ernähren müssen. Die Frage ist: Welche

Quellen sind es, die mir Inspiration geben, und wie versorge ich sie, damit sie weiterhin fließen? Eine Quelle ist der eigene Lebensimpuls, und diese Quelle ist mit anderen Quellen verbunden, die sie ernähren: Auch andere Menschen können uns zu Quellen führen, die wir dann zu unseren eigenen machen können.

Die persönliche Seele und die gemeinsame Seele

Die eigene Seele

Zuerst gehen wir davon aus, dass jeder Mensch eine eigene Seele hat. Sie strahlt aus als unsere eigene Persönlichkeit. Sie manifestiert sich als das eigene innere Leben. Die Seele durchzieht unseren ganzen *Körper* und ist mit dem *physischen Leib*, dem *Ätherleib* und dem *Astralleib* verbunden. Vier Qualitäten des *physischen Leibes* – Stoffliches, Wasser, Luft und Wärme – sind als einzigartige Zusammensetzung angelegt, und die Seele kann von diesen Kräften Gebrauch machen. Auch sorgt sie für eine gute Verbindung dieser vier Komponenten und leidet, wenn diese Verbindung nicht gegeben ist.

Neben dem *physischen Leib* haben wir also einen *Ätherleib*. Dieser Leib verwaltet unsere Energie. Im *Ätherleib* wird auch unser Gedächtnis gespeichert und werden Fähigkeiten verwaltet, die wir oft mühsam erworben haben. Der *Ätherleib* ist mit unserer Bewegung verbunden und gibt uns die Kraft und Energie, auf unserem Weg weiter fortzuschreiten.

Ein dritter Leib ist der *Astralleib*, ein Körper des Strahlens und der Atmosphäre: Was strahlen wir aus und welche Atmosphäre verbreiten wir um uns? Dieser Körper lebt von Anziehen und Abstoßen und beeinflusst unsere Wahrnehmungen und Vorstellungen.

Und unser *persönliches Ich* sorgt dafür, dass die Seele und dieser Körper in einem guten Verhältnis zueinander stehen. Wenn das Gleichgewicht jedoch verloren geht, ist es ebenfalls unser Ich, das es wieder herstellen muss. – Wenn das Ich in der Seele aktiv wird, kann die Seele bewirken, dass es uns gut geht.

Die Gemeinschaftsseele

Neben der persönlichen Seele erschaffen wir auch eine gemeinsame Seele. Jede Gemeinschaft, wie klein oder groß sie auch sein mag, ist ein Seelenwesen. Jedes Team entwickelt eine Seele, jede Familie oder Verwandtschaft, jede Abteilung oder Einheit, jede Organisation, jedes Unternehmen erschafft eine Seele. Sie äußert sich darin, wie wir uns in dieser Gemeinschaft in einem Prozess befinden und miteinander umgehen. Ist es eine geschlossene Gemeinschaft, so wird die Seele sich stark nach innen richten. Ist es eine offene Gemeinschaft, wird die Seele sich stark nach außen richten. Die Gemeinschaftsseele ist spürbar in der dort gepflegten Kultur, in der Atmosphäre, in der charakteristischen Stimmung, die in der Gemeinschaft herrscht. Die Gemeinschaftsseele wird dadurch genährt, wie wir miteinander umgehen: Eine Ehebeziehung, eine Arbeitsbeziehung, eine Hobbybeziehung – sie bestimmen den Spielraum der Seele als Gemeinschaftsseele.

Die wechselseitige Wirkung von persönlicher Seele und Gemeinschaftsseele

Wir sind Mensch und wir sind Menschheit. Es gibt einen individuellen Geist, und es gibt einen Gemeinschaftsgeist. Wir sind miteinander verbunden und sind aber auch ganz selbstständig. Das können wir uns wie fünf konzentrische Kreise vorstellen. Der innerste Kreis bin ich selbst. Drumherum gibt es einen zweiten Kreis von Bekannten, Familie, Freunden, Kollegen, festen Kunden, Nachbarn, Glaubensfreunden. Das sind kleinere Gemeinschaften, zu denen ich gehöre. Um diesen Kreis herum gibt es einen dritten. Das sind die Gemeinschaften, zu denen ich nicht gehöre, mit denen aber die Freunde des zweiten Kreises verbunden sind. Ein vierter Kreis ist die größere Allgemeinheit, die mit dem dritten Menschenkreis verbunden ist. Ein fünfter Kreis ist die Weltbevölkerung, die hier und jetzt auf der Erde lebt. Aus diesem fünften Kreis wirken Impulse von mir zum Ganzen und vom Ganzen letztlich zu mir selbst. Ich bin ein einmaliges Individuum mit Wirkung auf andere, und ich bin Weltmensch, angebunden ans große Ganze. Wir können davon ausgehen, dass meine Impulse letztlich über diese fünf Kreise im großen Ganzen landen. Das braucht Zeit und wandert manchmal durch mehrere Generationen, kommt jedoch irgendwo im innersten und äußersten Kreis an. So wirkt die Seele durch Gemeinschaften, indem sie Netzwerke nutzt und über die Wege und Kanäle reist, die zwischen oder in den Kreisen liegen.

Aufstehen in der eigenen Seele oder Absterben in der eigenen Seele

Die Frage jedes Menschen, jeder Seele, ist: Aufstehen oder Untergehen? Gelingt es dem Menschen, in seiner Seele »aufzustehen«, ist er präsent und kann mit der Situation umgehen, in der die Seele sich befindet? Dazu verlangt das Leben allerdings eine innere Steuerung des Menschen. Ohne diese Steuerung verkümmert die Seele eher, als dass sie aufsteht. Das Verkümmern der Seele ist aber ein Prozess des Sterbens. Es wird keine neue Substanz aufgebaut, und die vorhandene Substanz wird verbraucht.

In seiner Seele aufstehen kann der Mensch, wenn er gerufen wird. In der Begegnung mit dem Anderen wird an die Seele appelliert, sich zu erheben. Dann kann Energie und Inspiration gefunden werden, und die Seele kann sich entwickeln. Es geht darum, Situationen zu nutzen, die sich in der Begegnung mit dem Anderen bieten und zu einem wachsenden Bewusstsein führen können. Dieser Prozess des Aufstehens ist dem Menschen bis zu seinem Tod möglich. Dabei geht es nicht um die großen Gebärden, sondern um kleines selbstloses Tun.

Die Gemeinschaftsseele ernähren oder aussaugen

Wir alle wissen inzwischen, dass wir nicht allein auf der Welt sind, sondern dass es Mitmenschen gibt. Wir leben mit anderen in Gemeinschaften, und die Frage ist, ob der einzelne Mensch diese Gemeinschaft ernährt oder aussaugt. Das Aussaugen geschieht, wenn der Mensch alles in den Dienst seines eigenen Wohlergehens stellt und die anderen dazu benutzt.

Die Gemeinschaftsseele wird ernährt, wenn wir bereit sind, dem Anderen zu dienen. Wir tragen einander und bilden eine Gemeinschaft, wenn die Synergie unseres Ich und die der anderen an erster Stelle steht. Der Mensch hat die Fähigkeit, sich selbst hintanzustellen und einem anderen Vorrang einzuräumen. So werden auch wir selbst von anderen getragen, und mit einer Vielzahl von kleinen Gebärden machen wir das Zusammenleben angenehm und reich.

Das eigene Schicksal, die eigene Bestimmung gegenüber dem Gemeinschaftsschicksal und der Gemeinschaftsbestimmung

Seele und Schicksal sind miteinander verbunden. Das Karma der einzelnen Menschen, die in Gemeinschaften leben, bestimmt in hohem Maße die Ereignisse.

Es sind große Fragen, die mit Schicksal, Karma und Seele verbunden sind. Ist das Leben eines jeden von uns im Voraus bestimmt? Haben wir unser Schicksal selbst in der Hand? Und wie sind Schicksal und Karma an unsere Seele gebunden?

Wir können einen Unterschied machen zwischen altem Karma und neuem Karma. Altes Karma gilt für Verbindungen zwischen Menschen, die schon früher miteinander zu tun hatten. Neues Karma wird aufgebaut mit Menschen, denen wir zum ersten Mal begegnen und jetzt in Verbindung kommen. Das gilt vor allem für das organisierte Leben, in welchem wir uns etwa als Kunde und Lieferant miteinander verbinden und Dienstleistungen anbieten oder beziehen. Die Seele hat also einerseits eine bestimmte Zukunft, die aus der Vergangenheit festgelegt ist, doch sie hat zugleich eine offene Zukunft, indem wir quer durch unser Zusammenleben reisen und dem Unbekanntem begegnen können.

Von einer von der Gemeinschaft bestimmten Seele zu einer selbstbestimmten Seele

Das ganze Abenteuer der menschlichen Seele kann bezeichnet werden als Übergang von einer von der Gemeinschaft bestimmten Seele zu einer selbstbestimmten Seele. Da haben wir bereits Tausende von Jahren gebraucht, bis es jetzt so weit ist, dass jede menschliche Seele für sich steht und dass das natürliche Eingebundensein nicht mehr selbstverständlich besteht und Grundlage unseres Lebens bildet. Die selbstbestimmte Seele ist dazu verurteilt, auf die Suche nach der anderen selbstbestimmten Seele zu gehen und gemeinsam in Freiheit eine neue Gemeinschaft zu bilden.

Damit stehen wir vor dem großen Seelenproblem: neue Gemeinschaft und freies Individuum.

5. Mit dem Blick auf die Zukunft der menschlichen Seele

Nun, da alte Weisheiten vergangen zu sein scheinen, uns nicht mehr so recht ansprechen, ist die Frage, wie es mit der Seele des Menschen weitergeht. Wenn es stimmt, dass sich in Zukunft nur ein stärkeres Bewusstsein als Seelenmanifestation halten kann, um die Menschheit weiterzubringen, muss uns allen viel daran liegen, diese Bewusstseinsentwicklung zustande zu bringen.

Die Zukunft der Seele

Der Untergang alter Weisheit

Schon seit vielen Jahren beschäftigt mich die Frage, wie es kommt, dass so viel Weisheit und Lebenserfahrung aus vielen Jahrhunderten Menschheit in unserer modernen organisierten Gesellschaft verloren gegangen ist und wir in der Gegenwart an die Wirklichkeit in uns und um uns herum vor allem mit einem naturwissenschaftlichen Blick herangehen und ihr einen Sinn geben. Ein Leben lang begegne ich Menschen, die überzeugt davon sind, dass die Menschheit früher naiver und gutgläubiger war als wir. Dass wir mit unseren heutigen wissenschaftlichen Fähigkeiten besser und weiter blicken als die Menschheit es früher konnte.

Doch könnte es nicht vielmehr so sein, dass der Mensch damals vertrauter war mit den natürlichen, unsichtbaren Lebenskräften und

Lebewesen, die ihn bestimmten und sein Leben lenkten? Denn der Mensch besaß in damaliger Zeit lediglich eine natürliche Weisheit davon, wie Natur und Kosmos zusammenhängen, und er musste täglich mit diesen Kräften umgehen. Daraus entwickelten sich Lebensweisheiten, die den Menschen und die menschliche Gemeinschaft begleiteten. Denken wir nur an die griechischen Philosophen Platon und Aristoteles, die vor 2500 Jahren in einer Weise nach dem Sinn des Lebens forschten, die uns bis auf den heutigen Tag beschäftigt.

Ich erwähnte in der Einleitung bereits mein Buch *Die menschliche Schöpfung – Philosophie des organisierten Leben*s, in dem ich umreißen konnte, wie Philosophen seit alter Zeit und bis jetzt mit den wichtigen Fragen des Menschseins, mit den Fragen unserer Herkunft, unserer Seele, unserer Freiheit umgingen. Wenn man sieht, wie sie die Probleme beschreiben, die zu ihrer Zeit in der Seele der Menschen leben, und wie sie versuchen, den Sinn des Lebens zu beschreiben, kann man von der Stringenz und den überraschenden Ideen, die uns heute noch inspirieren können, tief beeindruckt sein.

Verlorene Weisheiten

Es sollen einige Weisheiten genannt werden, die in unserem wissenschaftlichen Zeitalter verloren gegangen sind:

- Zuerst die Weisheit, dass alles, was wir wahrnehmen, die Manifestation lebender Wesen ist. Natur, Erde, Welt und Menschen sind Manifestationen lebender Wesen. Die Erde ist ein lebendes Organ, ein beseelter Planet.
- Dann die Weisheit, dass der Mensch ein beseeltes Wesen ist und dass der menschliche Geist Teil eines kosmischen ewigen Geistes ist.

- Die Weisheit, dass wir reinkarnierte Wesen mit mehreren Erdenleben sind. Es gibt ein Leben nach dem Tod, und es gibt ein Leben vor der Geburt. Der Mensch kommt mit vorgeburtlichen Impulsen und verlässt die Erde mit Lebenslehren, die nach dem Tod verarbeitet werden.
- Die Weisheit, dass eine göttlich-geistige unsichtbare Welt existiert, die von unzähligen Wesen bewohnt wird, die sich auf ihre Weise mit der Erde und der Menschheit beschäftigen.
- Dann, dass wir alle zusammen eine Gemeinschaft bilden und alles mit allem zusammenhängt.
- Und schließlich, dass der Mensch ein beseeltes Wesen ist, und dass sich die Seele des Menschen zu einem höheren Bewusstsein entwickeln kann.

Die Türen öffnen, die Tore aufschließen

Es wird Zeit, dass wir die Türen öffnen, die Tore aufschließen und uns wieder Zugang verschaffen zu entscheidenden menschlichen Werten, mit denen wir Sinn und Inhalt unseres Lebens und Zusammenlebens auf eine neue und beseelte Weise gestalten können. Dazu können wir Untersuchungen anstellen, und dabei helfen uns Religion, Kunst und Wissenschaft.

Forschung betreiben

Zuerst geht es um das konkrete Tun. Forschung betreiben bedeutet auch eine Entwicklung für die menschliche Seele. Wir schließen auf und begegnen, wir erkunden und erkennen wieder, wir geben dem Unbegreiflichen Raum, sich in unserer Seele auszusprechen. Dazu müssen wir zuerst einen dreifaltigen Weg gehen, den wir als den gemeinsamen Weg von Religion, Kunst und Philosophie bezeichnen wollen. Während wir vor Jahrhunderten alles in den Dienst der Religion stellten, gerichtet aufs göttliche Wort, während wir jahrhundertlang unser Verständnis der Welt und uns selbst durch Kunst ins Bild brachten, während wir den Sinn des Lebens suchten, indem wir uns gemeinsam mit Philosophie befassten, ist es jetzt die Wissenschaft, die die Gesetzmäßigkeiten erforschen und auf die Konstruktion der menschlichen Welt übertragen will. Religion, Kunst und Philosophie sind in den Händen von wissenschaftlichen Experten gelandet, die uns den Weg zeigen wollen. Jeder Mensch ist heutzutage jedoch dazu aufgerufen, sich in den Sinn des Lebens zu vertiefen, die Lebenskunst zu üben und die Quellen des Lebens zu erschließen.

Mit Religion unsere Spiritualität gestalten

Wir können die unsichtbaren Wesen kennenlernen, die unser Leben beeinflussen, wir können sie in uns selbst finden. In allem, dem wir nachgehen, begegnen wir ihnen und sehen sie als lebende Wesen, die sich in Vorgängen manifestieren, in Begegnungen, in unseren Gedanken, Gefühlen und Entschlüssen, in unserem Handeln. Wir können diesen Wesen begegnen, sie sehen, wenn wir uns ihnen in Freiheit, Respekt und Liebe nähern. Wir überwinden unsere Angst vor dem Unbekannten, unseren Hass gegen etwas, das uns Probleme macht, unsere Schuld, dem Anderen Unrecht zu tun.

Hierin finden wir die Grundlage dafür, den anderen Wesen ihren Wert zu lassen, ihnen Raum zu lassen und sie nicht für unsere egoistischen Impulse zu missbrauchen. Der Kosmos und die Natur erwarten und erhoffen sich vielleicht von uns, dass wir als Menschen unsere Seele für den Anderen öffnen können. Können wir das

Mysterium des Anderen wahrnehmen? Können wir uns mit dem Leiden des Anderen verbinden? Können wir das Wesen des Anderen erkennen und annehmen?

Durch Kunst können wir miteinander in Dialog treten

Wir alle sind nicht nur religiöse Wesen, spirituelle Geister, wir sind auch Dialog-Künstler. Wir können in Dialog miteinander treten und die Impulse formulieren, die in uns leben. Zunächst einmal sind es die vorgeburtlichen Impulse, mit denen wir auf der Erde ankommen. Diese Impulse sind spirituell mit dem Bestreben verbunden, das Gute zu tun und aus Freiheit, Respekt und Liebe zum Anderen zu handeln. Ganz kreativ können wir unsere Seelenimpulse formulieren, und wir schaffen sie gemeinsam, unterstützen einander dabei. All unsere Talente können wir künstlerisch einsetzen und wirken lassen. Die ausdrucksvolle Gebärde der bildenden Künste, der musikalischen Klänge bringen Entscheidendes, Wesentliches ans Licht – in Zeit und Raum, zwischen uns und in uns. So können wir uns im künstlerischen Tun darum bemühen, unsere Handicaps, Unfähigkeiten, Verfehlungen umzuwandeln zu unserem Seelenkapital, mithilfe dessen wir mit uns selbst und mit anderen umgehen.

Mithilfe von Philosophie können wir systematisch forschen

Systematisches und diszipliniertes Forschen heißt, mit der Wirklichkeit umgehen, die Wirklichkeit herausfinden und Erkenntnisse erwerben, indem wir miteinander und voneinander lernen. Philosophisch tätig sein bedeutet, mit Problemen umgehen, sie reflektierend aktiv werden lassen, experimentieren mit Erkenntnissen, Veränderungen in all unser Tun integrieren, sodass wir immer mehr mit dem Wesentlichen in Kontakt kommen, das sich irgendwo findet, sich verbirgt und von uns »aufgeweckt« werden muss.

Wir können an Religion, Kunst und Philosophie wissenschaftlich herangehen. Naturwissenschaften, Geisteswissenschaften und Sozialwissenschaften basieren auf Methodologien, in denen das Objektive und Subjektive zueinanderfinden müssen. Die Gesetzmäßigkeiten zu erkennen, den Sinn der Dinge zu benennen und gesundes intersubjektives Verhalten, das Verhalten zwischen Ich und Gemeinschaft, sind Früchte unserer wissenschaftlichen Forschung.

Religion, Kunst und Philosophie müssen in unserem Forschen zusammengehen. Wenn wir eines von ihnen nicht einbeziehen in unsere Forschung, halten wir Türen für Erkenntnisse geschlossen, die uns bereichern könnten.

Forschen bedeutet Entwickeln: Aus-Wickeln und Ein-Wickeln. Neues oder Bekanntes kann sich darin offenbaren. Der inhärente Sinn der Dinge, doch auch der Sinn, den wir selbst in einer eigenen Schöpfung hinzufügen können, fordert diese dreifache Grundlage.

Das Schulen unsere Seele

Durch das Schulen der Seele machen wir Fenster auf und öffnen Türen. Wir haben schon festgestellt, dass im Prinzip alles, was erscheint, auch wieder verschwindet. Alles, was geschaffen wird, geht auch wieder zugrunde. Das geschieht im Laufe der Geschichte. Was als Frucht bleibt, vielleicht die einzige Frucht dieser Erde, dieses irdischen Menschenlebens, ist die Entwicklung der menschlichen Seele und der Seelen aller anderen Wesen, mit denen wir zu tun haben.

Wir sind als Menschen auf einem Schulungsweg, der als Besonderheit nicht per se in die natürliche kosmische Harmonie eingebettet ist. Das nämlich gilt für die anderen Wesen, die Pflanzen, Tiere,

Engel. Deren Sinn ist inhärent in ihnen anwesend, und sie folgen diesem Sinn unvermeidlich. Die menschliche Seele ist von diesem gegebenen Sinn abgekoppelt, sie ist aus dem Paradies gefallen und in der Diaspora gelandet. Somit sind es gerade die unsichtbaren Wesen, die uns in der Schulung unserer Seele begleiten. Im Laufe der Zeit sind dem Menschen Wesen wie Buddha und Christus erschienen, um ihm in seiner Seelenentwicklung einen Weg zu zeigen. Es sind spirituelle Kräfte, die das menschliche Bewusstsein unterstützen. Gerade diese Wesen zeigen uns die Bedeutung von Freiheit, Respekt und Liebe als Kräfte, die die menschliche Seele braucht, um sich weiterzuentwickeln.

Jetzt, in unserer Zeit, haben wir alle die Aufgabe, das Ich des Anderen dazu aufzurufen, in seiner Seele zu erscheinen. Wir sind Ratgeber des Anderen geworden und müssen gemeinsam den Weg suchen und gehen. Ziel ist es, zu einem erfüllten Leben zu kommen, um damit die Aufgabe der Menschheit über Generationen zu gestalten.

Dienst am Anderen

Auch durch den Dienst am anderen stoßen wir Fenster auf und öffnen Türen. Wir sind nach dreitausend Jahren Menschheitsgeschichte bei uns selbst angekommen und individuelle Wesen geworden. Wir sind als individueller Mensch eingebunden in erbliche Zusammenhänge sowie kulturelle und gesellschaftliche Verbindungen. Darin sind wir von anderen abhängig geworden und tragen wiederum selbst Verantwortung für die Geschicke anderer. Das bedeutet, dass wir den Anderen unterstützen, ihm helfen können. Es geht uns nicht gut, bevor es dem Anderen auch gutgeht. Unseren Egoismus zu überwinden, sich nicht nur ums eigene Wohlergehen zu kümmern und die eigenen Interessen allem anderen voranzustellen, erfordert einen inneren Sprung, einen Sprung über unsere schwarze Seite, unseren eigenen Doppelgänger. Die menschliche Biografie vollzieht sich dabei in Phasen und Schritten. Nicht nur körperlich wachsen wir und werden älter, sondern auch seelisch wachsen wir, entwickeln uns und werden anderen Menschen mehr und mehr als spirituelles Wesen sichtbar. Wir gestalten unsere persönlichen Gemeinschaften, in denen wir mit karmischen Partnern, uns bereits bekannten oder unbekannten anderen Menschen, unsere Schritte setzen. Wir leben in natürlichen Gemeinschaften, die uns geschenkt werden und in organisierten Gemeinschaften, denen wir uns anschließen. Wir werden selbstständig und tragen Verantwortung. Wir finden unsere Lebenspartner, mit denen wir uns auf den Weg machen, um unsere Impulse zu verwirklichen.

Humanitäre Inseln

Wir machen Fenster auf und öffnen Türen, indem wir humanitäre Inseln schaffen, Orte und Gemeinschaften, in denen unterschiedliche Menschen mit gleichen Wertvorstellungen arbeiten. Da geht es nicht um große revolutionäre Reden und Taten, sondern darum, gemeinsam im Kleinen Wichtiges zu erschaffen. Wie eine Art gesellschaftlicher Unterstrom gibt es überall auf der Welt Menschen, die aktiv geworden sind, anderen dabei zu helfen, ihre Ziele zu erreichen. Sie wollen den Lebensbedürfnissen anderer dienen und sind auch bereit, sich von anderen helfen zu lassen. Es geht dann um die persönliche Begegnung, und nicht um funktionelle Forderungen. Diese »Islands of Humanity«* bilden das Gegengewicht zu

---

* Bernard Lievegoed: *Über die Rettung der Seele*. Übers. von Frank Berger. Verlag Freies Geistesleben, Stuttgart 1993.

der extremen menschlichen Unfähigkeit, verantwortungsvoll mit unserem Planeten Erde und all seinen Bewohnern umzugehen. Es kommt jetzt also darauf an, den guten menschlichen Impulsen eine Basis zu verschaffen, indem Menschen in freien Gemeinschaften gemeinsam die Verantwortung übernehmen. Das sind horizontale Gemeinschaften, die in menschlichen Verbindungen arbeiten und einen weltweiten Bogen spannen können.

Freie Gemeinschaften von Menschen, die Initiative ergreifen

Der Mensch ist nicht nur Individuum, sondern auch Gemeinschaftsmensch. Wir leben in natürlichen Gemeinschaften, die erblich sind. Diese Gemeinschaften bieten uns Geborgenheit im Leben und Zusammenleben. Die Familienmitglieder stehen an der Wiege und am Grab und sind einbezogen in alle Gemeinschaftsereignisse unseres gemeinsamen Lebens. Mehrere tausend Jahre leben wir als Menschen in diesen natürlichen Gemeinschaften. Sie bestimmen unser Schicksal, unseren Glauben, unseren Beruf, unser Familienleben. In diesen natürlichen Gemeinschaften gab es zunächst keine großangelegte Zerstörung der Erde. Allerdings schlossen sich die Gemeinschaften voneinander ab, führten Kriege, konkurrierten miteinander. Es ging ums Überleben. Seit den letzten Jahrhunderten ist die Menschheit über die Schwelle gegangen. Das Leben wurde ein organisiertes Leben. Vor allem das Aufkommen der Wissenschaft, verbunden mit dem Aufkommen von Technologie und System bewirkten, dass Menschen aus ihrer natürlichen Umgebung geholt und in den Dienst von organisierten Bestrebungen gestellt wurden. Alle gesellschaftlichen Sektoren wurden organisiert und systematisiert. Heute basiert unser organisiertes Leben auf Grundlagen, die von der Wissenschaft abgeleitet sind. In einer sich stets beschleunigenden technologischen Entwicklung streben wir danach, alles unter Kontrolle zu bekommen, vorhersehbar, rational beherrschbar.

Der Mensch wurde in den Dienst eines Interesses gestellt – das kann Profit, Eroberung oder Überleben sein.

Wir vergessen damit, dass die menschliche Seele, das Wohlbefinden Einzelner und der Gemeinschaft, eine paradoxe Tatsache ist, ein Spannungsfeld zwischen Polen. Wenn wir auf einer Seite wachsen, geht das zu Lasten von etwas anderem, das sich zurücknehmen muss. So bewirkt das Streben vieler nach Reichtum, dass eine immer größere Armut bei anderen entsteht. Damit ringt die menschliche Seele: Eigennutz gegenüber den Interessen anderer. Das ist ein Verhältnis-Problem, das nicht durch einseitige Maßnahmen lösbar ist, sondern von uns allen Urteile darüber erfordert, was fair ist und was nicht fair ist. Diese Urteile müssen wir auf gemeinsamen Wahrnehmungen gründen können: Wie wirkt sich unser eigenes Handeln und das Handeln der von uns geschaffenen gesellschaftlichen Einrichtungen aus?

Die Dreifaltigkeit unserer Gesellschaft

Ein seelisches Bild unserer gesellschaftlichen Einrichtungen ist die Dreifaltigkeit. In der Gesellschaft gibt es drei Ebenen, die in einem bestimmten Verhältnis zueinander stehen. Die erste ist die Wirtschaft, die zweite ist das Recht, die dritte ist die Kultur. Die der Wirtschaft ist aufgeteilt in Weltwirtschaft und Kommunal-/Regional-Wirtschaft. Die natürlichen Quellen werden in diese Ebenen aufgenommen aufgenommen und gebraucht/verbraucht. Die Frage ist hier, ob wir verantwortungsvoll mit den natürlichen Quellen umgehen, ob wir sie nutzen, weil wir sie zum Leben brauchen.

Die zweite Ebene, die des Rechts, hat mit dem zu tun, wie wir miteinander umgehen. Beherrscht einer den anderen, wird ehrlich geteilt, gehen wir fair miteinander um? Hier werden Menschen und Gemeinschaften in ein Verhältnis zueinander gesetzt. Die *trias politica*, die Gewaltenteilung, reguliert ein gesundes Verhältnis, sodass diese dreigliedrige Einrichtung ihre Aufgabe erfüllen kann.

Die dritte Ebene ist die der Kultur. Das ist die Welt des Lernens, des Erkennens, der Werte und Normen. In dieser Ebene kann sich die innere Welt aussprechen, sichtbar werden. Hier findet sich Nahrung für den inneren Menschen, der sich als Teil der Gemeinschaftskultur begreifen kann – und damit der Fürsorge für die Existenz der Seele.

Die persönliche Gemeinschaft

Ein wichtiger Schritt in die Zukunft ist die Fähigkeit des Menschen, selbst eine eigene Gemeinschaft zu bilden, in der wichtige Lebensfragen, praktische und moralische Fragen mit anderen erörtert und gestaltet werden können. Das soll den Namen »persönliche Gemeinschaft« bekommen. Darin treffen wir uns in dem Bemühen, in Freiheit das Gute zu tun. Wir sind nicht per se an die natürlichen und organisierten Gemeinschaften gebunden, denen wir angehören. Wir können auch eigenständig Raum und Zeit schaffen, worin wir mit anderen, mit Geistgeschwistern und Schicksalsfreunden unsere Urteile, Beschlüsse und Schritte gestalten. Hier können wir Gemeinschaften entwickeln, die quer durch alle bestehenden Zusammenhänge eine eigene Welt, eigene Beiträge schaffen.

Im Zusammenspiel mit der persönlichen Gemeinschaft gibt es meine persönliche Führungsfähigkeit und persönliche Verantwortung für meine Taten sowie deren Wirkung auf andere. Ich verstecke mich nicht mehr hinter dem Rücken anderer, beschwere mich nicht mehr über das, was andere zustande bringen, sondern treffe eigene Entscheidungen für das, was ich tue, was ich durchmache, was ich wichtig finde – und das immer im Gedanken an das, was andere Menschen brauchen.

Kreise, die sich entwickeln

Zu diesem Thema gehören folgende persönliche Erfahrungen des Autors. – Es beginnt im kleinen Kreis, es beginnt in meiner persönlichen Gemeinschaft. Darin richte ich mein Leben ein; selbstbestimmt und in Zusammenhang mit weiteren Menschen, mit denen ich mich verbinde. Das können Menschen aus der natürlichen Gemeinschaft sein, aus organisierten Gemeinschaften, zu denen ich gehöre. Um diesen kleinen Kreis herum gibt es einen größeren Kreis von Menschen, mit denen ich und auch die Menschen aus meinem kleinen Kreis zu tun haben. Aus unseren »kleinen« Aktivitäten geht eine Wirkung aus auf den größeren Zusammenhang, aus der kleinen Gemeinschaft kristallisieren sich Wirkungen auf die größere Gemeinschaft heraus. Diese größere Gemeinschaft wird von dem beeinflusst, was die kleine Gemeinschaft zustande bringt, und auf die Dauer überträgt es sich auf das Verhalten der Menschen in der größeren Gemeinschaft.

Diese größere Gemeinschaft ist wiederum über unzählige Menschen mit einer weltweiten Gemeinschaft verbunden, in der sich das Neue etablieren kann. Jetzt gehört es zum Leben aller.

Um ein Beispiel zu nennen: Während der letzten fünfzig Jahre habe ich mich gemeinsam mit meinen Geistes- und Schicksalsbrüdern um die Lösung der Probleme von Menschen und Organisationen bemüht. Beispielsweise haben wir uns an Arbeitsbesprechungen beteiligt, wenn es um sinnvolle Produkte ging, und welche Initiativen man ergreifen kann. Mein Geld habe ich zunehmend auf Nachhaltigkeit und immer weniger auf verderblichen Konsum verwendet. Im Laufe dieser fünfzig Jahre sehe ich weltweit ein aktuelles Thema auftauchen: die Erhaltung unserer Erde und des Lebens, eines nachhaltigen und sinnvollen Lebens. In alle gesellschaftlichen Sektoren dringt etwas hiervon hinein, das über Gemeinschaftsverbindungen seinen Platz in der Art unseres Zusammenlebens bekommt.

Der innere Schritt

Die Frage ist jetzt: Wie dringen solche aktuellen Themen in mich ein, wie bekommen sie einen Platz in meiner inneren Welt? Beschäftige ich mich mit diesem Thema oder lasse ich es liegen? Wenn es um Veränderung geht, ein Sich-Umwenden, um eine Transformation, findet dies in meiner Innenwelt statt. Erst dann kann sich zeigen, wie ich nach außen hin auftrete und mich bewege. Es lohnt sich also, auf diese inneren Prozesse aufmerksam zu sein.

Funktional oder persönlich

Ich sehe zwei völlig verschiedene Arten, mit innerlich aktuellen Themen umzugehen: funktional oder persönlich. Gehe ich ein aktuelles Thema funktional an, versuche ich, so damit umzugehen, wie ich es gewohnt bin. In gewisser Weise halte ich es außen vor und versuche, mein Verhalten vor mir selbst zu legitimieren. Ich nehme dann einen Standpunkt ein, komme zu einem Urteil und fasse auf dieser Grundlage Beschlüsse. Gehe ich persönlich mit einem aktuellen Thema um, lasse ich dieses Thema so in mich hinein, dass ich sofort Verantwortung für das Wohl und Weh dieses aktuellen

Themas fühle. Ich werde davon berührt und nehme es mir zu Herzen. Es lebt in mir, und ich suche nach Impulsen, durch die ich ein gutes Verhältnis zu diesem aktuellen Thema bekomme. Ich stelle mir die Frage, was es für mich, für mein eigenes Verhalten, mein eigenes Auftreten bedeutet. Vielleicht muss ich fortan etwas unterlassen oder fortan etwas auf eine andere Art tun.

Diese beiden Arten, mit Themen umzugehen, zeigen sich auch im Dialog mit anderen. Ein funktionaler und ein individueller Dialog wirken unterschiedlich auf die Seele. Ein funktionaler Dialog hält Abstand, ein persönlicher Dialog geht darauf ein.

In einem persönlichen Dialog erscheint das Ich in der Seele und zwei Menschen begegnen sich als individuelle, aber auch soziale Wesen.

In einem funktionalen Dialog sind wir »bei der Arbeit« und wollen unser Ziel erreichen. Dazu benutzen wir den Anderen sozusagen. Das können wir beispielsweise deutlich erleben, wenn wir in einem Laden einkaufen. Werden wir da als Konsument behandelt und benutzen auch selbst den Anderen für die eigenen Ziele, oder findet eine persönliche Begegnung zwischen Käufer und Verkäufer statt, wo geschaut wird, wie für beide der beste Kauf zustande kommt?

Innere Stimmen

Eine gute Übung besteht darin, auf die inneren Stimmen zu horchen, wenn wir sehr aktiv gewesen sind und darüber nachdenken, was uns innerlich bewegt hat. Wir entdecken dominierende Stimmen, die unser Verhalten bestimmen wollen, aber wir hören auch leisere Stimmen, mehr im Hintergrund, die uns zu einem anderen Verhalten führen wollen. Auch hier ist die Frage, ob wir über diese inneren Stimmen Regie führen wollen oder können. Können wir auch andere, neue Stimmen, in unserem Inneren zulassen, oder halten wir uns an den bekannten Stimmen fest, die in uns erklingen?

So können wir »Horchen« und »Sehen« in unserer Seele kultivieren. Damit bereiten wir die Möglichkeit vor, uns zu verwandeln, uns zu erneuern. Wir können aufmerksam werden auf das, was uns als Wesentliches begegnet. Wir brauchen nicht immer mit dem Finger auf andere zu zeigen, sondern schaffen es, kritisch und offen unser eigenes Verhalten wahrzunehmen, unsere innere Welt erklingen zu lassen und von dort aus dem Anderen persönlich sichtbar zu machen.

So kann der Eine des Anderen Begleiter in dem Streben nach einer Welt werden, in der wir allen Wesen, die hier leben und erscheinen, ihre Existenz sichern und ihnen Wert verleihen.

Haben wir früher nach institutionellen Lösungen für gesellschaftliche Probleme gesucht, müssen wir heute unseren eigenen Beitrag dazu leisten, dass alles möglich wird, was die Welt um uns herum und die Welt in uns selbst braucht und was wir verantworten können.

Verwendete und weiterführende Literatur

Arendt, Hannah, *Vom Leben des Geistes*. Piper Verlag, München 1989.

Aristoteles, *Nikomachische Ethik*. Felix Meiner, Hamburg 1985.

ders, *Über die Seele*. Felix Meiner, Hamburg 2017.

Bekman, Adriaan, *The art of conscious living*. Alert Verlag, Berlin 2009.

ders., *Self-Management. Die Kunst, den Alltag zu bewältigen*. Verlag Urachhaus, Stuttgart 1999.

Ellul, Jacques, *The Subversion of Christianity*. Wipf & Stock, Eugene 2011.

Foucault, Michel, *Der Mut zur Wahrheit*. Suhrkamp, Frankfurt 2011.

Frankl, Viktor E., *… trotzdem Ja zum Leben sagen. Ein Psychologe erlebt das Konzentrationslager*. dtv, München 2006.

Goethe, Johan Wolfgang von, *Faust*. C.H. Beck, München 1985.

Heidegger, Martin, *Der Ursprung des Kunstwerks*. Vittorio Klostermann, Frankfurt 2012.

Høystad, Ole Martin, *Die Seele. Eine Kulturgeschichte*. Böhlau, Köln 2017.

Kierkegaard, Søren, *Die Reinheit des Herzens. Eine erbauliche Rede*. Evangelische Buchhilfe, Vellmar 2003.

Kues, Nikolaus von, *Über den Beryll*. Felix Meiner Verlag, Hamburg 2002.

Levinas, Emmanuel, *Wenn Gott ins Denken einfällt. Diskurse über die Betroffenheit von Transzendenz*. Karl Alber, Freiburg / München 2004.

ders., *Zwischen uns. Versuche über das Denken an den Anderen*. Carl Hanser, München 1995.

Lievegoed, Bernard, *Der Mensch an der Schwelle. Biografische Krisen und Entwicklungsmöglichkeiten*. Aus dem Niederländischen von Frank Berger. Freies Geistesleben, Stuttgart 1991.

ders., *Über die Rettung der Seele. Ein Vermächtnis*. Aus dem Niederländischen von Frank Berger. Freies Geistesleben, Stuttgart 2021.

Meister Eckhart, *Deutsche Predigten und Traktate*. Diogenes, Zürich 1990.

O'Donohue, John, *Schönheit. Das Buch vom Reichtum des Lebens.* dtv, München 2004.

Platon, *Sämtliche Werke in drei Bänden*. Rowohlt, Reinbek 1994.

Soesman, Albert, *Die zwölf Sinne – Tore der Seele. Eine Einführung in die Anthroposophie.* Aus dem Niederländischen von Marianne Holberg. Freies Geistesleben, Stuttgart 2019.

Steiner, Rudolf, *Die Philosophie der Freiheit. Grundzüge einer modernen Weltanschauung. Seelische Beobachtungsresultate nach naturwissenschaftlicher Methode.* Rudolf Steiner Verlag, Dornach 2021.

Adriaan Bekman

Prof. Dr. Adriaan Bekman, geboren 1947, studierte Soziologie in Rotterdam und arbeitete von 1978 bis 2004 beim NPI (Institut für Organisationsentwicklung), das 1954 von Bernard Lievegoed gegründet wurde. 2005 wurde er selbst Gründer des IMO (Instituut voor mens en organisatieontwikkeling), das weltweit Unternehmen, Initiativen und Institute unterstützt. Er verfasste zahlreiche Bücher und ist u.a. Co-Autor von *Ethik des Anleitens*, Urachhaus 2018.

Christine Gruwez

Die Wunde

und das Recht auf Verletzlichkeit

Meditationen zur Zeitlage

191 Seiten, gebunden

Christine Gruwez behandelt zentrale Fragestellungen unserer Zeit, die eng miteinander verwoben sind: die Wunde als notwendige Begleiterin und Quelle der Menschwerdung sowie das Recht auf Verletzlichkeit – ein Themenbereich, mit dem sich viele heutige Menschen konfrontiert sehen.

Ihr Buch bietet die Möglichkeit, einen »menschenkundlichen Schlüssel« zu erarbeiten, mit dem jeder die Tür zu seiner eigenen Position in Bezug auf die Herausforderungen unserer Zeit öffnen kann. Zugleich bietet dieser »Schlüssel« auch den Weg zur inneren Annäherung an den Mitmenschen und kann so zu einer wichtigen Inspirationsquelle auch in Counseling und Biografiearbeit werden.

»Das Buch bietet kein Pflaster für unsere Wunden, es macht die Wunde zum Erkenntnisorgan, das uns Augen und Wege öffnet zum Menschlichen in jedem Menschen. Möge es offene und mutige Leser finden.«

Günther Dellbrügger, *STIL*

URACHHAUS

Peter Normann Waage

Ich

Eine Kulturgeschichte des Individuums

797 Seiten

Ich bin Ich – das Persönlichste und Allgemeinmenschlichste zugleich. Aber von der Antike bis zur Gegenwart hat sich die Selbstwahrnehmung des Menschen stark verändert.

Pointiert und sicher folgt Peter N. Waage den Spuren des Individuums in der europäischen Geschichte, Philosophie und Literatur, beleuchtet neu, bringt nahe, macht verständlich, begeistert und inspiriert.

> »Ein umfassender, wohlformulierter und kristallklarer Streifzug durch die Geschichte des Individuums.«
>
> *Dagbladet*, Oslo

URACHHAUS

Bernard C. J. Lievegoed

Über die Rettung der Seele

Ein Vermächtnis

126 Seiten

Bernard Lievegoed behandelt dringende Fragen, die die inneren und spirituellen Hintergründe der Anthroposophie und die Aufgabe der anthroposophischen Bewegung in der Welt betreffen. Seine Kernbotschaft ist: Betrachte deine eigenen Nöte und Freuden nicht als ausschließlich persönlicher Natur, sondern versuche sie als Ausdruck von etwas Allgemein-Menschlichem zu sehen.

> »Möge das Buch als Anregung wirken, die eigenen geistigen Fragen und Antworten offen auszusprechen.«
>
> Marijke Buursink, *Info3*

FREIES GEISTESLEBEN

Zeitfracht Medien GmbH
Ferdinand-Jühlke-Straße 7
99095 Erfurt, Deutschland
produktsicherheit@kolibri360.de

Druck:
CPI Druckdienstleistungen GmbH
im Auftrag der
Zeitfracht Medien GmbH
Ein Unternehmen der Zeitfracht - Gruppe
Ferdinand-Jühlke-Str. 7
99095 Erfurt